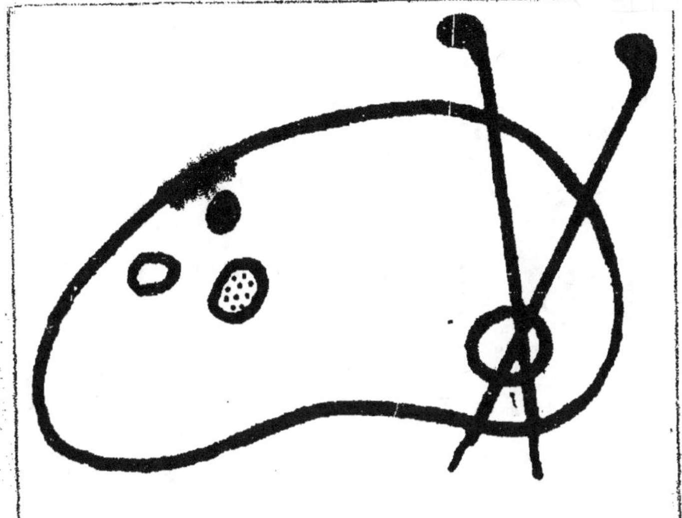

Début d'une série de documents
en couleur

N. DELACROIX

ESSAIS ET NOTICES

DEUXIÈME ÉDITION

LA POLITIQUE PRUSSIENNE EN ORIENT A
LA FIN DU SIÈCLE DERNIER. — UNE
EXCURSION DANS LA PRUSSE ORIEN-
TALE : MARIENBOURG. — DANTZIG :
LE SIÈGE DE 1813. — LETTRES INÉ-
DITES DE J.-J. ROUSSEAU ET D'ALEM-
BERT. — M. CHARLES TOUBIN.

SALINS
DAVID-MAUVAS
LIBRAIRE-ÉDITEUR

1898

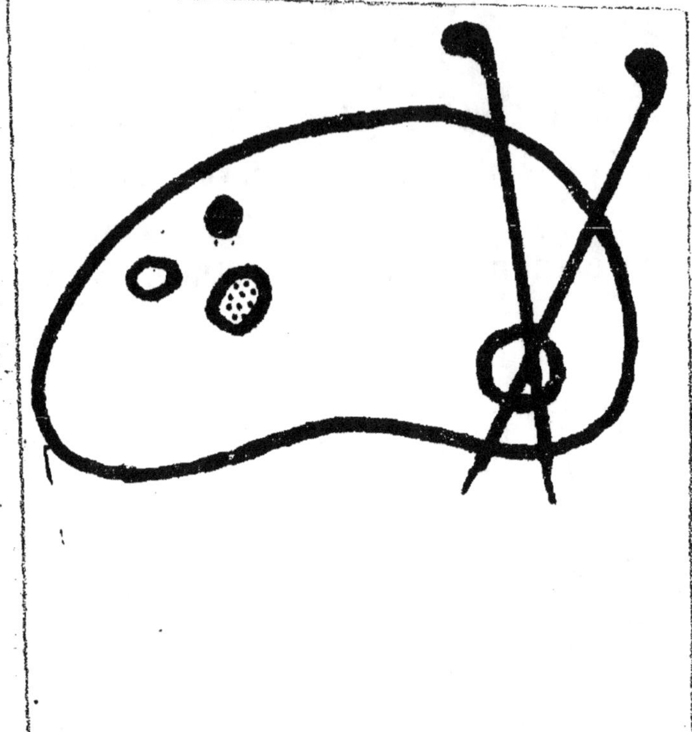

Fin d'une série de documents
en couleur

ESSAIS ET NOTICES

MÂCON, PROTAT FRÈRES, IMPRIMEURS

N. DELACROIX

ESSAIS ET NOTICES

DEUXIÈME ÉDITION

LA POLITIQUE PRUSSIENNE EN ORIENT A LA FIN DU SIÈCLE DERNIER. — UNE EXCURSION DANS LA PRUSSE ORIENTALE : MARIENBOURG. — DANTZIG : LE SIÈGE DE 1813. — LETTRES INÉDITES DE J.-J. ROUSSEAU ET D'ALEMBERT. — M. CHARLES TOUBIN.

SALINS
DAVID-MAUVAS
LIBRAIRE-ÉDITEUR

1898

Lorsque la Revue des Deux-Mondes *publia, il y a une douzaine d'années, le premier des essais qui forment ce volume, la diplomatie allemande était très agissante à Constantinople. M. Cherbuliez, au jugement de qui l'article fut d'abord soumis, voulut bien m'écrire que ç'avait été pour lui comme une révélation. On s'était imaginé jusque là dans le public que la politique de M. de Bismarck à Constantinople constituait une innovation ; il n'en était rien. Bien loin d'innover, le chancelier de l'empire ne faisait que reprendre, pour la continuer, une tradition, que le royaume de Prusse avait léguée à l'empire d'Allemagne.*

Plus tard, M. de Bismarck fut disgracié comme l'avait été le comte Hertzberg ; comme lui, le chancelier voulut, du fond de la retraite, donner des conseils qui furent mal reçus ; et le jeune empereur se conduisit en cette circonstance comme son aïeul s'était conduit à l'égard de Hertzberg. M. Cherbuliez m'écrivit à ce moment pour me rappeler cette coïncidence qui l'avait frappé. C'est ce qui m'a décidé à faire, sans y rien changer, une nouvelle publication de cet article, bien qu'il n'ait plus aujourd'hui qu'un intérêt rétrospectif. On voudra bien considérer cet essai comme une modeste contribution à l'étude de cette question d'Orient qui reste posée devant l'Europe et ne paraît pas encore près de recevoir une solution définitive.

Goailles, août 1898.

LA
POLITIQUE PRUSSIENNE
EN ORIENT
A LA FIN DU SIÈCLE DERNIER

Avant le congrès de Berlin, il ne semblait pas que la Prusse prît un intérêt bien vif à ce qui se passait sur les rivages du Bosphore, et la Turquie paraissait être, comme on dit volontiers aujourd'hui, en dehors de la sphère d'action de l'empire d'Allemagne. Après le congrès on vit avec étonnement la politique allemande s'engager dans une direction qu'on croyait toute nouvelle. Il paraît bien qu'on eût, en effet, raison d'être surpris ; l'Allemagne ne touche, par aucun point de son territoire, au territoire ottoman ; ses vaisseaux n'ont pas grand'chose à faire dans les eaux du Bosphore et s'y montrent en assez petit nombre ; bref aucun intérêt allemand ne semblait directement engagé dans la querelle du Russe avec le Turc. Pourquoi donc l'Allemagne jugeait-elle à propos de sortir d'une indifférence presque séculaire, et, dans la pièce dont les actes divers se déroulent à Constantinople, pourquoi prenait-elle tout à coup un rôle bien plus marqué.

D'ingénieux écrivains[1] se sont crus obligés à rechercher les causes de ce soudain changement. Ils ont prêté au chancelier de l'empire les plus longs desseins, — et tels qu'il faudrait, pour en amener la réalisation, le concours de circonstances qui, sans être impossibles, ne sont pourtant point probables, ni surtout prochaines. On sondait l'avenir, un avenir éloigné, et on faisait fond sur l'influence germanique en Orient pour projeter tout un remaniement de la carte du vieux monde. Après comme avant

1. Voyez, en particulier, le livre de M. R. Frary : *le Péril social* (Paris, Didier), chap. III intitulé : *le Rêve de M. de Bismarck*, p. 115 et suiv.

ces conjectures, l'avenir garde son secret. Mais, puisqu'il est convenu que l'histoire est un perpétuel recommencement, n'eût-il pas été plus sage de remonter dans le passé de la Prusse et d'y chercher quelles avaient pu être, en un temps donné, ses vues sur l'Orient? Ainsi interrogée, l'histoire aurait répondu que ce n'est pas d'aujourd'hui, — ni d'hier, — que la Turquie est entrée dans le jeu des hommes d'état prussiens. On aurait vu qu'à une époque qui ne manque pas de ressemblance avec la nôtre, un ministre qui, lui aussi, mérita bien de la patrie allemande, avait fait de la Turquie la maîtresse carte de son jeu. Il est bien vrai qu'il perdit la partie, mais un joueur plus habile peut venir qui gagnera avec les mêmes cartes. Tant s'en faut donc que la politique prussienne s'engage dans une voie nouvelle, qu'au contraire elle reprend les voies qu'elle a suivies il y a un siècle, — et peut-être pour atteindre le même but.

Il semble d'autant plus intéressant de

conter cette histoire qu'elle est demeurée jusqu'à présent à peu de chose près inconnue, non divulguée. Comme, à la fin du siècle dernier, la question d'Orient se trouvait intimement liée, dans les desseins de la Prusse, avec la question polonaise, à laquelle les deux derniers partages allaient donner une solution qui a semblé jusqu'ici définitive, on ne s'étonnera pas si l'on trouve dans le récit qui va suivre quelques allusions aux affaires polonaises : elles sont nécessaires pour l'intelligence de la politique prussienne en Orient à la fin du siècle dernier.

I

Disons d'abord, aussi brièvement qu'il se pourra, quelle était, à cette époque, la situation des puissances européennes relativement à la Turquie. La Crimée avait été cédée à la Russie par le traité de 1786, mais les Turcs comptaient bien que cette cession n'était que provisoire, et leur indignation fut très vive lorsqu'ils virent Catherine II prendre possession de sa nouvelle conquête dans le fameux voyage qu'elle y fit cette même année. En janvier 1787, le vieux Abdul-Hamid, au sortir d'une audience où l'ambassadeur de Russie avait résisté à toutes ses sollicitations, écrivit à son grand-vizir ce billet laconique : « Déclare la guerre ! advienne que pourra. » Le divan fut aussitôt convoqué et l'ambassadeur de Russie emprisonné au château des Sept-Tours.

L'impératrice Catherine II prévoyait depuis longtemps cette explosion, mais elle ne l'attendait pas si tôt. Depuis qu'elle tendait à Constantinople, elle avait négligé l'alliance prussienne, si utile lors du premier partage de la Pologne. On a dit, dans ces dernières années, que les clés de Constantinople sont à Berlin ; à la fin du siècle dernier, elles étaient à Vienne, et l'impératrice l'avait compris. Elle avait su le plus

habilement du monde tirer parti de la rivalité de la Prusse et de l'Autriche, et avait
fait à Joseph II des promesses si séduisantes
qu'elle l'avait amené à conclure un traité
offensif et défensif (21 mai 1781). En cas de
guerre, les deux puissances se promettaient
mutuellement un secours de dix mille
hommes d'infanterie et de deux mille cavaliers qui, dans certaines conjonctures prévues,
pouvaient être remplacés par un subside de
400.000 roubles. De plus, au cas où l'un des
contractants serait attaqué par la Turquie,
chacun d'eux s'engageait, mais par une
clause tenue secrète, à ne conclure séparément ni paix ni armistice.

Lorsque le voyage de Crimée fut résolu,
l'impératrice en informa Joseph II. Celui-ci
comprit que ce n'était là qu'une invitation
déguisée, et bien qu'il trouvât « très cavalière » la façon d'agir de son alliée (lettre à
M. de Kaunitz), il accepta après quelque
hésitation. On trouvera notée, dans les lettres
de M. de Ségur et du prince de Ligne,

l'impression que fit ce voyage sur l'esprit de Joseph II. Catherine avait beaucoup compté sur cette longue entrevue pour rallier définitivement l'empereur d'Autriche à sa politique orientale : elle ne réussit pas, et se rendit très bien compte de son échec. « Constantinople, disait l'empereur à M. de Ségur, sera toujours une pomme de discorde entre les puissances européennes, qui, pour cette seule ville, se refuseront à partager la Turquie. J'ai pu consentir à la cession de la Crimée, mais jamais je ne souffrirai que les Russes s'installent à Constantinople : j'aime encore mieux y voir les turbans des janissaires que les bonnets des Cosaques. » En présence de cette froideur de l'Autriche, Catherine se voyait réduite à temporiser encore. Elle y était résignée lorsque, comme on l'a dit en commençant, la Turquie déclara tout à coup la guerre. L'emprisonnement de l'ambassadeur de Russie était une si flagrante et si maladroite violation du droit des gens, que Joseph II, lié d'ailleurs par les traités, se vit, malgré lui, entraîné dans une voie où il avait refusé d'entrer un an auparavant.

La Russie cependant ne se trouva pas prête à marcher. Le prince Potemkin, qui avait la haute direction de l'armée, n'était guère capable de conduire lui-même la campagne, et sa jalousie, toujours en éveil, ne pouvait supporter qu'un autre en eût la direction. Le plan des opérations militaires avait été arrêté depuis longtemps, de concert avec l'Autriche. Deux armées russes devaient marcher simultanément : l'une, forte de trente-sept mille hommes, sous les ordres du vieux Roumiantsof, s'avancerait le long des frontières polonaises et donnerait la main au corps autrichien qui opérait en Galicie ; l'autre, commandée par Potemkin en personne et forte de quatre-vingt mille hommes, s'emparerait des forteresses du littoral de la Mer Noire jusqu'aux bouches du Danube, et couvrirait la Crimée au cas que les Turcs voulussent l'attaquer par mer. Enfin un corps de dix-huit mille hommes opérerait au Caucase sous les ordres de Tœkel.

Roumiantsof avait trop peu de troupes pour agir. Quant à l'armée principale, tout lui manquait ; elle pouvait dire avec le prince de Ligne : « Si nous avions des vivres, nous marcherions en avant ; si nous avions des pontons, nous passerions les rivières ; si nous avions des boulets et des bombes, nous assiégerions les villes. » Bien longtemps après la déclaration de guerre, Potemkin était encore à Élisabethgrad, c'est-à-dire fort loin des Turcs, et il y restait malgré les instances de l'impératrice. Sauf quelques rencontres en Crimée, où Souworof faisait ses premières armes, les premiers mois de la guerre s'écoulèrent sans aucun résultat pour les Russes.

Il n'en était pas de même en Autriche. Avant même d'avoir déclaré la guerre à la Turquie, et bien que celle-ci eût proposé de respecter les frontières autrichiennes si l'empereur se contentait de fournir à la

Russie le secours promis, Joseph II avait tenté sur Belgrade un coup de main qui n'avait réussi qu'à le couvrir de honte. Il ne déclara formellement la guerre que le 9 février 1788. Une armée autrichienne de deux cent cinquante mille hommes se trouvait prête à marcher sous les ordres de Lascy, qui, depuis la guerre de sept ans, passait pour un des meilleurs généraux de l'Europe. Avec un chef pareil et des lieutenants tels que Cobourg, Clirfayt, Fabrice, Wartensleben, on était en droit d'espérer beaucoup. Quelle résistance feraient les bandes turques, indisciplinées, mal nourries, mal conduites, contre des régiments qui s'étaient couverts de gloire dans toutes les grandes guerres du siècle ? Lascy cependant commit une première faute : il étendit ses troupes sur deux cents lieues de frontières et engagea l'action tout au bout de cette grande ligne, en Bosnie. Le gros de l'armée se trouva de la sorte immobilisé.

Les généraux turcs n'avaient point pris

de part à la guerre de sept ans, mais ils avaient aussi leur plan, et il paraît bien qu'il était bon. Ils avaient résolu de se tenir sur la défensive du côté de la Russie, où la guerre se faisait dans des provinces arides, peu habitées, et de lancer le gros de leurs forces sur les riches provinces autrichiennes. Le grand-vizir Ioussouf-Pacha réunit soixante-dix mille hommes sous les murs de Nyssa, fondit sur le banat, et n'eut pas de peine à rompre la belle ordonnance de Lascy ; Wartensleben voulut attendre les Turcs à Méhadia, il y fut battu le 28 août. L'empereur en personne amena quarante mille hommes à son secours. Les Turcs défirent cette nouvelle armée à Slatina (14 septembre). Il fallut battre en retraite. Dans la nuit du 20 au 21 septembre, quelques Valaques répandirent le bruit que les Turcs approchaient. A cette seule nouvelle, la retraite se changea en déroute : ce fut à qui se sauverait le plus vite et le plus loin. Sur les ailes de cette immense ligne de bataille, les Autrichiens n'étaient pas plus heureux ; Joseph II, découragé, cédant d'ailleurs aux sollicitations de son frère, l'archiduc Léopold, enleva le commandement de l'armée à Lascy pour le transmettre au comte Hadik. Il quitta l'armée le 5 octobre 1788 et revint à Vienne emportant avec lui le germe de la maladie qui devait le tuer.

Revenons à l'armée russe. Avant que l'Autriche eût déclaré la guerre, Joseph II, se doutant bien qu'il aurait à soutenir le principal effort des Turcs, avait dépêché le prince de Ligne à Potemkin, pour le presser d'agir. Mais il n'était pas facile d'incliner à un parti quelconque le favori de Catherine. Enfin, au mois de mai 1788, le général russe quitta Élisabethgrad pour marcher à petites journées sur Otchakof, la première des forteresses turques sur le littoral de la Mer Noire. Il arriva sous les murs de cette ville vers le milieu de juillet avec quarante mille hommes de troupes régulières et six mille Cosaques. Sans être imprenable, la forteresse d'Otchakof était un obstacle sérieux. Les travaux d'approche ne furent commencés que trois semaines après l'arrivée de l'armée ; ils furent continués avec beaucoup de lenteur et de prudence.

La guerre et le siège étaient d'ailleurs les choses du monde à quoi Potemkin prenait le moins d'intérêt. Ce qui l'occupait, c'étaient les intrigues de la politique européenne, au courant desquelles il se tenait avec infiniment de soin ; c'étaient les bals, les réceptions, les festins dont son camp était le perpétuel théâtre. L'été s'écoula dans ces divertissements ; l'automne arriva, humide et froid, puis un hiver rigoureux. Cette inaction d'une part, et de l'autre les revers de l'armée autrichienne, encourageaient le roi de Prusse Frédéric-Guillaume II à contrecarrer les projets de Catherine, qui sentait parfaitement que le nœud de la situation était à Otchakof et que Potemkin seul pouvait le trancher. Elle pressait de plus en plus son favori : d'ailleurs la situation

des assiégeants devenait critique. La rigueur
de l'hiver était extraordinaire, nombre de
soldats moururent de froid. Enfin, le 16 décembre, le général Rakhmanof, qui était
ce jour-là de service, vint annoncer au commandant en chef que le bois manquait ;
à peine était-il sorti, que le général
Kakhowski annonça à son tour que la dernière
ration de farine venait d'être distribuée et
que l'armée se trouvait à la veille de
manquer de pain. Il ne restait qu'une issue :
tenter l'assaut. L'ordre en fut donné pour le
lendemain. Les soldats russes, avant de
marcher, reçurent une dernière ration d'eau-
de-vie à laquelle on avait mélangé du poivre
d'Espagne réduit en poudre. La défense ne
fut pas moins énergique que l'attaque. Pendant tout le temps que dura ce terrible
combat, Potemkin demeura assis sur la
terre, le visage couvert de ses deux mains,
s'écriant à chaque moment : « Seigneur, aie
pitié de nous ! » (*Gospodi pomilouï*). Il ne se
releva que pour entrer triomphalement dans

la ville enfin prise. L'assaut avait coûté la vie à huit mille Russes et à pareil nombre de Turcs. Le colonel Bauer partit le jour même pour Pétersbourg et trouva moyen de faire environ 2.000 kilomètres en neuf jours. L'impératrice écrivit aussitôt à Potemkin : « Je te prends à deux mains par les oreilles, mon cher ami, et je te baise en esprit pour la bonne nouvelle que tu me mandes. Que ton armée prenne hardiment ses quartiers d'hiver en Pologne. »

En résumé, durant cette première année, la fortune des Turcs avait été diverse. Ils avaient perdu la forteresse d'Otchakoff, mais les Russes avaient mis un an à la leur prendre ; en revanche, ils avaient infligé à plusieurs reprises de graves échecs aux Autrichiens. En somme, leur situation était bonne, et ils pouvaient attendre en confiance l'ouverture de la campagne suivante.

II

Venons maintenant au rôle de la Prusse dans cette guerre à laquelle elle ne prit point de part, qui se faisait sans elle et loin d'elle. Le comte Hertzberg était déjà ministre des affaires étrangères de Prusse en 1772, lors du premier partage de la Pologne. Dans cette circonstance, il avait conseillé au grand Frédéric de réclamer la cession de Thorn, de Dantzig et de la Prusse orientale actuelle. Il avait fallu rabattre de ces prétentions devant l'opposition de la Russie et de l'Angleterre. Thorn et Dantzig n'en étaient pas moins restés l'objectif de la politique prussienne, et Hertzberg ne perdit jamais de vue le but qu'il s'était proposé d'atteindre. Il s'agissait de trouver ou plutôt de faire naître une occasion ; chose délicate, car la Russie et l'Autriche étant tout aussi intéressées que la Prusse dans la question polonaise, toute tentative ouverte de ce côté équivalait à une déclaration de guerre.

Lorsque les hostilités éclatèrent en Orient, Hertzberg ne vit pas tout d'abord ce que son maître pouvait gagner dans ces complications. Peu à peu, à mesure que la Prusse se dégageait des affaires de Hollande, l'idée vint au ministre qu'il pourrait, en cette occurrence, jouer ce rôle d'honnête courtier que devait remplir avec tant d'éclat, juste un siècle plus tard, le plus illustre de ses successeurs.

Au début de la guerre d'Orient, Hertzberg s'était contenté de recommander à Dietz, ambassadeur de Prusse à Constantinople, d'observer la neutralité la plus stricte. Cette disposition ne dura pas. Au mois de novembre 1787, on écrit à Dietz : « Puisque nous voilà si heureusement sortis de cette affaire (de Hollande), et que nous avons les mains libres, je profiterais volontiers de la guerre de Turquie pour accroître la gloire de mon ministère. Il y a peu d'espoir que la Porte puisse soutenir l'effort des deux puissances liguées contre elle. La France ne fera rien pour elle ou si peu que rien ; aucune autre puissance ne prendra son parti sans l'espoir assuré d'un gain considérable. Pensez-vous qu'il soit impossible de décider la Porte à céder la Moldavie et la Valachie à l'Autriche, à la Russie la Crimée et Otchakof, moyennant quoi la Prusse, la France et les autres puissances que je me chargerai de décider garantiraient l'intégrité de l'empire ottoman jusqu'au Danube ? De cette façon, ce fleuve et l'Unna deviendraient l'éternelle frontière entre la Turquie et la chrétienté. Je pense qu'on pourrait décider la Russie à renoncer à la Géorgie et à ses possessions transcoubaniennes ; elle devrait aussi cesser de s'immiscer dans les affaires intérieures de le Porte et réduire ses droits de commerce et de navigation, de façon à respecter la souveraineté du sultan. J'ai en même temps en projet *une rémunération convenable pour la Prusse de la part des cours impériales.* La Turquie n'aurait rien à y perdre; tout au plus devrait-elle consentir à un traité de commerce avantageux pour nous et s'engager à protéger, dans la Méditerranée, notre marine contre les corsaires barbaresques. »

Hertzberg prend d'ailleurs soin d'ajouter que ce n'est là qu'un projet en l'air dont le roi n'a pas encore connaissance. Mais cette idée, une fois entrée dans l'esprit du ministre, n'en sortit plus et devint le sujet de ses réflexions continuelles. Il en vint à se faire sur ce point les illusions les plus singulières du monde. Trois mois après cette première dépêche (26 janvier et 9 février 1788), le ministre écrit à Dietz : « Mon projet est basé sur la politique *la plus saine et la plus juste.* Il me semble qu'aucun homme de bon sens n'y peut faire d'objection. *C'est le seul moyen de sauver la Porte,* et tout ministre turc, pour peu qu'il entende quelque chose aux affaires, doit s'y rallier. » Malheureusement, Dietz ne parta-

geait point la conviction de Hertzberg,
auquel il fit de fortes objections, tirées prin-
cipalement des dispositions belliqueuses des
Turcs à ce moment. Mais le ministre n'avait
pas attendu un instant pour communiquer
son projet au roi Frédéric-Guillaume II,
qui l'approuva hardiment et résolut d'en
poursuivre par tous les moyens la réalisation.
Des instructions détaillées furent rédigées
(25 mars et 3 avril 1788), elles furent por-
tées à Dietz par un envoyé secret chargé de
l'aider dans sa mission. Il y a dans ces instructions plusieurs points qu'il convient de
mettre en lumière. Tout d'abord, il fallait
que la Porte s'engageât à ne conclure la
paix que par l'intermédiaire de la Prusse.
Il fallait entretenir les Turcs dans leurs dispositions belliqueuses, mais de façon toutefois que cela ne donnât lieu à aucune
plainte de la part de l'Autriche, de la Russie
ou de la France. Que si la Porte, — et c'était
ici le point capital, — se voyait dans la
nécessité de céder quelque portion de

son territoire, il fallait que cette cession se fît par l'intermédiaire de la Prusse, qui n'y consentirait qu'autant que les cours impériales lui assureraient un dédommagement suffisant pour ce nouvel agrandissement. A la vérité les Turcs pourraient exiger que le roi de Prusse se liât avec eux par un traité : il faudrait alors leur répondre évasivement, tâcher de leur persuader qu'ils étaient assez forts pour vaincre seuls, enfin, les assurer que le roi consentirait volontiers à ce traité, mais *seulement après la conclusion de la paix.*

Dans l'instruction secrète du 3 avril, Hertzberg indique les provinces que la Turquie sera sans doute forcée de céder : nous les avons déjà nommées. Puis le véritable dessein du ministre apparaît : la Porte exigera, — et c'est une condition *sine qua non,* — que l'Autriche rétrocède la Galicie à la Pologne ; celle-ci enfin cédera à la Prusse Thorn, Dantzig et certains districts avoisinants. D'ailleurs, Dietz doit prudemment et délicatement donner à entendre aux Turcs que s'ils refusent les bienfaits de la Prusse, le roi est tout prêt à se joindre à leurs ennemis. Toutes ces négociations seront tenues dans le secret le plus absolu : Le roi, Hertzberg et Dietz seront seuls à les connaître, car, avant tout, il ne faut pas se compromettre.

Il fallait certes que le roi de Prusse et son ministre se fissent de bien fortes illusions pour charger leur ambassadeur à Constantinople d'entamer des négociations sur ce pied. Ces illusions, Dietz ne les partageait en aucune façon. C'était sans doute que, vivant au milieu des Turcs, il se rendait mieux compte de leurs dispositions, et partant savait mieux quelles propositions pouvaient être faites, comme aussi quelles négociations n'avaient point de chance d'aboutir. Il savait les Turcs convaincus depuis vingt-cinq ans de cette idée que si jamais ils faisaient la guerre à l'Autriche, la Prusse ne manquerait pas une si belle occasion de tom-

ber sur sa voisine, et, suivant Dietz, c'était
en effet ce qu'il fallait faire : « ... Jamais la
Prusse ne trouvera meilleure occasion de
devenir une puissance de premier ordre. »
écrit-il le 8 mars; puis le 8 avril 1788 :
« Cela coûtera sans doute quelques années
de guerre, mais c'est là un capital bien placé
et qui sera recouvré au centuple, parce que la
paix de l'Europe et la prépondérance de la
Prusse se trouveront assurées. » Cette opinion de Dietz était partagée par la plupart
des représentants de la Prusse dans les pays
étrangers, et presque partout, on croyait à
l'imminence de la guerre. Hertzberg se
montra fort peu touché de ces objections :
« Vos projets peu pratiques, écrit-il à Dietz,
ne sont nullement d'accord avec les intentions de Sa Majesté... Vous refusez de comprendre mon dessein; mais si vous étiez
moins obstiné, vous le loueriez sans réserve.
Vous vous exagérez la puissance de la Porte...
Ce n'est pas en flattant les Turcs que
vous servirez le roi : il faut mettre en jeu

d'autres moyens pour avoir prise sur eux. La Porte, qui a recherché autrefois l'alliance de la Prusse, semble maintenant ignorer qu'elle existe... » Le roi était encore plus pressant. Devant toutes ces instances, Dietz dut s'incliner. De leur côté, les Turcs, plus disposés à la guerre que jamais, refusaient obstinément les bienfaits de leur bon ami le roi de Prusse.

Ce fut bien autre chose lorsqu'ils eurent gagné quelques batailles, comme je l'ai dit en commençant. Ces succès donnaient à réfléchir à Hertzberg : « ... Je vois maintenant, écrit-il à la date du 30 août 1788, que l'impuissance inconcevable de la Russie et de l'Autriche dérange tous nos projets : qui aurait pu penser qu'une armée régulière de trois cent mille hommes n'arriverait pas à rejeter les Turcs de l'autre côté du Danube ? C'est une conséquence de la faute que l'empereur a commise en restant sur la défensive après la déclaration de guerre. » Vers ce même temps, si l'on s'en souvient, les Autrichiens avaient été battus à plusieurs reprises, et l'armée russe était immobile devant Otchakof. Comment proposer aux Turcs victorieux de céder deux ou trois de leurs provinces pour le roi de Prusse?

Décidément le plan de Hertzberg était à refaire, et Hertzberg le refit en prévision cette fois de la victoire définitive des Turcs: « Il me semble qu'il faudra modifier notre plan si les cours impériales continuent à être malheureuses à la guerre, et surtout si l'empereur est définitivement battu, » écrit le roi à son ministre (11 septembre). Hertzberg rédigea donc de nouvelles instructions. Dans cette dernière combinaison, les Turcs, s'ils demeuraient vainqueurs, ne devaient rendre à l'Autriche les conquêtes qu'ils feraient en Hongrie que si l'Autriche rendait elle-même la Galicie à la Pologne, qui, à son tour, cédait Thorn et Dantzig à la Prusse : « Il faut, écrit encore le roi, convaincre les Turcs des avantages qu'ils auront à exiger que l'Autriche cède la Galicie à la Pologne, *mais il est inutile de parler de ce que je compte y gagner moi-même* : cela pourrait me nuire auprès des Polonais et inquiéter prématurément les autres puissances. » Après cette combinaison victorieuse, Frédéric-Guillaume pouvait se croiser les bras : quelle que fût l'issue de la lutte, que la Turquie fût battue par l'Autriche ou l'Autriche par la Turquie, il n'importait : dans un cas comme dans l'autre, Thorn et Dantzig revenaient à la Prusse, qui s'agrandissait sans qu'il lui en coûtât « un seul grenadier poméranien. »

Dans le temps que le cabinet de Berlin était tout entier à ces espérances, à ces illusions, il reçut la nouvelle que l'impératrice de Russie allait conclure un traité défensif avec la Pologne, c'est-à-dire garantir l'intégrité de ses frontières : les projets prussiens étaient du coup anéantis.

Voici comment la chose s'était faite. Les projets de Hertzberg n'avaient quelque chance de réussir que s'ils étaient tenus absolument secrets; or le mystère avait été dévoilé, dès l'origine, à ceux-là même qui avaient le plus d'intérêt à le connaître. Le prince de Kaunitz, chancelier d'Autriche, avait intercepté les premières dépêches de Hertzberg à Dietz et s'était empressé d'en transmettre copie à Saint-Pétersbourg. Catherine II fut surtout étonnée de la facilité avec laquelle Frédéric avait approuvé les plans de son ministre : elle s'en exprime un peu bien cavalièrement dans une lettre à Bezborodko, son ambassadeur à Vienne : « Il faut être aussi sot que le maître de ce long Keller (ambassadeur de Prusse à Saint-Pétersbourg) pour croire à toutes les bourdes que le roi de Prusse s'est laissé conter... »

III

Au printemps de 1789, la guerre reprit en Orient. La diète polonaise, sous la pression secrète de la Prusse, avait refusé l'alliance russe, et on s'était repris à espérer à Berlin.

Toutes les instructions que le département des affaires étrangères faisait tenir à Dietz peuvent se résumer en celle-ci : obtenir de la Turquie qu'elle ne fasse la paix que par la médiation de la Prusse. Les Turcs, cependant, se montraient peu enclins à accepter ces offres. Ils recevaient froidement les propositions de Dietz, le remerciaient de ses bons offices et répondaient invariablement : que la Prusse commence par déclarer la guerre à l'Autriche ; sur le reste nous tomberons facilement d'accord.

Hertzberg avait envoyé en Turquie le colonel de Gœtz pour diriger les opérations militaires des Turcs. La Porte, méconnaissant la grandeur de ce nouveau bienfait, n'avait pas même permis à ce colonel de gagner le camp. Bref, au bout de deux ans de démarches sans nombre, Dietz se trouvait tout juste au même point que le premier jour. En mai 1789, le cabinet de Berlin se décida à faire un pas en avant : il fit dire aux Turcs que le roi entrerait en campagne, — après qu'ils auraient été rejetés de l'autre côté du Danube; il s'engageait en outre à garantir l'intégrité du territoire ottoman, — mais seulement tel qu'il se trouverait à la fin de la guerre.

Malgré les revers des armées turques dans cette année 1789, cette nouvelle avance ne fut pas mieux reçue que les précédentes. Bien plus, le grand-vizir entra bientôt en pourparlers directs avec Potemkin et on put craindre un instant que ces « Turcs ignorants et incorrigibles », comme Hertzberg aimait à les appeler, ne missent à conclure la paix la même précipitation qu'ils avaient mise à déclarer la guerre. Cependant la Prusse s'était trop avancée pour reculer. Après de nouvelles instances demeurées sans résultat, Dietz reçut l'ordre d'offrir à la Porte un traité offensif et défensif sans restriction d'aucune sorte. La Prusse arrivait ainsi aux termes de ses concessions : l'ambassadeur, voyant l'ardeur des Turcs s'accroître avec leurs défaites, espérait bien que, cette fois, les négociations seraient poussées activement. Chose étrange ! Les Turcs accueillirent cette proposition tout aussi froidement que les précédentes.

Dietz se perdait en conjectures. Il était bien loin de soupçonner le véritable motif de l'indifférence apparente de la Porte. Le drogman de l'ambassade de Prusse avait livré les instructions de Dietz à l'ambassadeur de France, qui en avait immédiatement donné communication au Reis-Effendi. Tout le monde fut dès lors au courant des projets de Hertzberg, tandis que celui-ci les croyait toujours environnés du plus profond mystère. Le divan comprit aussitôt les avantages de sa position et en tira parti habilement. On fit attendre trois mois à Dietz une réponse définitive. Enfin, l'ambassadeur, à bout de patience et d'expédients, menaça de demander ses passeports, et, cette fois, la menace était sincère. La Porte s'en émut : le Reis-Effendi demanda encore quelques jours de répit, et le 9 janvier 1790, il remit à Dietz un projet de traité qni réservait à ce dernier une surprise peu agréable. Dès le premier article, la Porte exigeait que la Prusse entrât en campagne au printemps suivant et qu'elle s'engageât à ne point poser les armes avant que la Turquie eût recouvré ses provinces perdue, *y compris la Crimée*, qui appartenait à la Russie depuis 1786. A la lecture de ces clauses, Dietz s'emporta, reprocha aux Turcs leur mauvaise foi, la défiance qu'ils témoignaient au roi son maître. Le Reis-Effendi répondit froidement que le traité serait signé sous cette forme ou qu'il n'y aurait point de traité ; qu'à ces conditions seulement, on imposerait à l'Autriche la cession de la Galicie. Dietz n'avait plus qu'à céder : le traité fut signé le 30 janvier 1790.

On va voir que les clauses en étaient bien différentes de ce que la Prusse avait espéré : « S'il plaît à Dieu, dit l'article 1er, que la Turquie soit victorieuse, son intention est de ne poser les armes que lorsqu'elle aura recouvré toutes les provinces et toutes les forteresses qui sont tombées aux mains de l'ennemi. » De son côté, la Prusse ne cessera la guerre que du consentement de la Turquie. La Porte, en traitant avec la Russie et l'Autriche, invitera la Prusse, la Suède et la Pologne à prendre part aux négociations. Si, par la suite, une des deux cours impériales ou toutes les deux déclarent la guerre à l'une des puissances alliées, ensemble ou séparément, toutes les parties contractantes s'engagent à considérer la guerre comme déclarée à chacune d'entre elles (article 3). L'intégrité du territoire respectif des deux parties contractantes est garantie ; enfin, les ratifications seront échangées dans le délai de six mois. De part et d'autre, on s'engagea verbalement à tenir le traité secret jusqu'au printemps.

Dietz affectait de triompher ; il avait atteint le but. « Ce traité, écrit-il le 1er février 1790, prouve que Votre Majesté a acquis, dans le règlement des affaires d'Orient, une prépondérance indiscutable. Les ministres turcs n'ont plus d'autre volonté que celle que je leur inspire. » Il est vrai que toutes ces négociations ont coûté 45.000 ducats, mais qu'est-ce qu'une pareille bagatelle en présence du résultat obtenu ? « Mon but est maintenant d'étendre notre influence sur toutes les branches de l'administration turque et de les diriger suivant les intérêts de Votre Majesté. Si j'en juge par les dispositions qui dominent présentement ici, tout me sera facile. L'adoration qu'on a pour Votre Majesté est sans limite : chaque Turc est devenu un Prussien, et tous les ministres ne parlent que de la Prusse et de son grand monarque. Le Reis-Effendi lui même est en ma main comme une cire molle. » (22 février 1790.)

Dans ce même temps, l'impatience était devenue très vive à Berlin. Dès la fin de 1789, l'armée autrichienne avait commencé à se masser en corps considérables dans la Bohême et la Moravie. Il devenait tout à fait nécessaire que le cabinet de Berlin fût définitivement fixé sur les intentions de la Porte. De nouvelles et pressantes instructions furent dépêchées à Dietz : il devait décider les Turcs à rentrer en campagne en mars, au plus tard en avril, et à porter leur principal effort contre l'Autriche. Comme toujours, les ministres turcs ne s'étaient hâtés que fort lentement de répondre à ces propositions. Cet insuccès, ces retards continuels, Hertzberg les attribuait à la rudesse de caractère de Dietz, à son orgueil, à son ton tranchant, qui blessait non seulement les ministres turcs, mais encore les ambassadeurs des puissances alliées. Lorsque enfin on apprit à Berlin que les instructions secrètes envoyées à Dietz étaient tombées aux mains du Reis-Effendi, la colère de Hertzberg ne connut plus de bornes, et il insista auprès du roi pour que Dietz fut immédiatement rappelé et remplacé par le major Knobelsdorf. Le roi consentit, et le rappel de l'ambassadeur fut signé le 26 janvier, c'est-à-dire quatre jours avant la conclusion du traité offensif et défensif avec la Porte.

Pour bien comprendre cette intrigue, dont les péripéties ne laissent pas de présenter parfois des traits assez comiques, il faut se rendre compte des difficultés de communication qui, dans ce temps-là, allongeaient si fort la route de Berlin à Constantinople. Par suite de la guerre d'Orient, les dépêches de Prusse étaient d'abord dirigées sur Venise ; elles traversaient l'Adriatique, faisaient relâche dans plusieurs îles de l'Archipel et n'arrivaient guère à Stamboul qu'après un voyage d'environ six semaines. Encore fallait-il pour cela que le vent fût favorable et qu'il se trouvât à point nommé dans le port un vaisseau prêt à faire voile. La nouvelle de la conclusion du traité ne parvint donc à Berlin que dans les premiers jours de mars : Knobelsdorf était en route depuis quinze jours. On se fera facilement une idée de l'étonnement, puis de la colère de Hertzberg, lorsqu'il eut pris connaissance

des clauses du traité. « A quoi avez-vous
pensé, écrit-il à Dietz le 12 mars, en prenant
au nom de Sa Majesté l'engagement de déclarer la guerre à l'Autriche et à la Russie
et de ne poser les armes que quand la Turquie aura recouvré la Crimée? Cela ne se
trouve dans aucune des instructions que
vous avez reçues. En vérité, je suis fort
embarrassé aussi bien pour ratifier le traité
que pour l'exécuter. Nous voulons bien faire
la guerre à l'Autriche, mais non pas à la
Russie. Quant à promettre la Crimée aux
Turcs, c'est absurdité pure. J'apprends que
les ministres turcs se vantent de vous avoir
joué, grâce à votre impatience, à vos instances. Ils ont bien raison : ils ne se sont
engagés à rien, et vous avez tout accordé. Je
ne sais, à vrai dire, comment me tirer de ce
pas. Heureusement nous avons encore cinq
mois avant la ratification : d'ici là je verrai
la tournure que prendront les événements. »
Le roi se montra beaucoup moins inquiet
que son ministre. A son avis, il n'y avait

qu'une chose à faire : c'était, puisque le traité était signé, de le tenir secret aussi longtemps qu'il se pourrait et de n'en point précipiter la ratification.

Aux aigres reproches de Hertzberg, Dietz répondit qu'il s'en était tenu, sinon pour la lettre, tout au moins pour l'esprit, aux instructions qu'il avait reçues à différentes reprises. En se disant prêt à déclarer la guerre aux ennemis de la Turquie, le roi n'avait jamais fait d'exception en faveur de la Russie, qui, justement, était, aux yeux des Turcs, le principal ennemi. Pour ce qui était de la Crimée, seule cause de la guerre, c'était pour la Porte une question d'honneur sur laquelle elle n'aurait rien cédé ; d'ailleurs, l'engagement n'était valable que si les Turcs venaient à s'emparer de la presqu'île, chose pour le moins douteuse. Toutes ces explications, si plausibles qu'elles nous paraissent, ne justifièrent point Dietz aux yeux de Hertzberg ; elles ne l'ont pas non plus justifié aux yeux des historiéns alle-

mands, qui persistent à voir en lui le principal auteur des mécomptes de la politique
prussienne dans toute cette affaire d'Orient.

Quoi qu'il en soit, le cabinet de Berlin
venait de subir un échec d'autant plus désa-
gréable qu'il s'était bercé de l'espoir d'un
succès plus éclatant. Longtemps Hertzberg
s'était flatté qu'il parviendrait à lier les
Turcs sans s'engager lui-même. Le traité
de Constantinople renversait la situation.
Avoir à la fois sur les bras l'Autriche et la
Russie, leur faire la guerre tant qu'il plairait
à la Turquie, ce n'était nullement l'intention
du ministre prussien, qui jamais n'avait eu
dessein de rompre sérieusement avec Saint-
Pétersbourg. Aussi Hertzberg conseilla-t-il
au roi d'omettre, lors de la ratification, cette
terrible clause concernant la Crimée. Mais
comme il pouvait se faire que la nouvelle
en parvînt auparavant à l'impératrice,
l'ambassadeur de Prusse près la cour de
Russie, reçut l'ordre d'expliquer au nom de
son maître que « Dietz avait *vraisemblable-*

ment outrepassé ses instructions ! » La précaution n'était pas inutile : les Turcs avaient trop d'intérêt à faire connaître le traité pour qu'il restât bien longtemps secret : en effet, peu de temps après, il fut connu dans toute l'Europe.

IV

Joseph II mourut le 10 février 1790 : son frère Léopold, archiduc de Toscane, était appelé à lui succéder. Ce n'est pas ici le lieu d'examiner la portée des réformes que Joseph avait exécutées dans ses États. Tout ce qu'on peut en dire, c'est qu'elles avaient mécontenté presque toutes les nationalités dont la réunion constitue la monarchie autrichienne. Le nouvel empereur, dont les inclinations étaient d'ailleurs toutes pacifiques, n'eut pas de peine à comprendre que dans ces circonstances difficiles, si la guerre de Prusse venait s'ajouter à la guerre de Turquie, l'Autriche pouvait, par une seule défaite, être mise à deux doigts de sa perte. Pour se donner le temps d'apaiser les esprits à l'intérieur et pour resserrer les liens qui commençaient à se relâcher entre l'Autriche et les provinces, il fallait, avant toute chose, rétablir la paix à l'extérieur. Telle fut la première pensée qui lui vint à l'esprit au moment où il quittait la Toscane pour aller occuper le trône qu'il venait d'hériter de son frère. A son départ de Florence, il s'en ouvrit à lord Hervey, ministre d'Angleterre : il l'assura qu'il désirait très sincèrement arrêter l'effusion du sang, que, s'il n'avait tenu qu'à lui, son empire, de même que l'Angleterre, n'aurait point eu d'autre frontière que l'océan, qu'enfin il était prêt à traiter avec la Turquie, même sur le pied du *statu quo ante bellum.* Cette concession semblait d'autant plus remarquable que la dernière campagne avait été toute favorable aux Autrichiens, qui avaient fini par s'emparer de Belgrade (octobre 1789). Lord Hervey n'eut rien de plus pressé que de communiquer ces confidences à son gouvernement.

En arrivant à Vienne, Léopold trouva M. de Kaunitz dans des dispositions différentes des siennes. Le chancelier ne pouvait admettre que l'Autriche sortît sans agrandissement d'une guerre où elle avait fini par infliger aux Turcs de si graves échecs. Bien loin de redouter une guerre avec la Prusse, il semblait qu'il la désirât, pourvu toutefois que la Russie restât l'alliée de l'Autriche dans cette nouvelle campagne. Il conseillait donc à l'empereur de faire sa paix avec la Turquie, puis de concentrer son armée en Bohême et en Moravie ; pour se donner le temps d'exécuter ce dessein, on amuserait la Prusse par des négociations, et, en même temps, on sonderait les intentions de la cour de Russie.

Deux semaines après avoir pris le pouvoir, Léopold écrivit en effet à Frédéric une lettre fort conciliante (25 mars). A Berlin, on suivait avec la dernière attention les moindres démarches du nouveau souverain. Quelles seraient ses relations avec la Prusse et la Turquie ? A l'intérieur, qu'entreprendrait-il pour apaiser les esprits ? Bien différentes des missives tranchantes de Joseph II, les assurances de Léopold étaient toutes pacifiques, mais elles n'inspiraient pas une grande confiance. Frédéric-Guillaume avait pénétré le dessein de Kaunitz ; il résolut, lui aussi, de profiter de ces négociations pour faire les derniers préparatifs d'entrée en campagne.

Ce fut vers cette époque que les dispositions du cabinet de Saint-James se trouvèrent changées à l'égard de la Prusse. Le traité de Constantinople, rendu public par l'indiscrétion calculée de la Porte, avait été fort mal accueilli à Londres, tandis que les dispositions pacifiques de Léopold y avaient produit l'impression la plus favorable. Le cabinet de Saint-James fit aussitôt savoir à Hertzberg qu'il ne se croyait engagé désormais à une action commune que si cette action tendait au rétablissement du *statu quo*, qu'il entendait rester étranger à toute autre combinaison; qu'enfin le meilleur moyen d'atteindre ce but était une suspension d'armes immédiate (2 avril). Ce revirement soudain de la politique anglaise menaçait fort de ruiner les projets de Hertzberg. Dans la crainte de se priver d'un allié puissant, il ne pouvait repousser purement et simplement la proposition anglaise; il résolut de l'appuyer, espérant secrètement que la Russie, par son refus, romprait les négociations.

Ce fut le 15 avril que Frédéric-Guillaume répondit à la lettre de Léopold. A en croire le roi de Prusse, il n'y avait guère d'autre moyen de maintenir l'équilibre en Europe que de faire la paix sur le pied du *statu quo*; cependant, ajoutait-il, il y avait un moyen encore préférable : ne pourrait-on trouver tels arrangements, telles compensations qui satisfissent tous les états intéressés et servissent de base à une alliance durable? C'était là une première allusion à la cession de la Galicie. Hertzberg, d'ailleurs, jugeait inutile de dissimuler davantage et exposait enfin ce fameux plan d'échange, de l'exécution duquel il faisait dépendre, depuis si longtemps, et sa gloire à venir et la puissance future de la Prusse. Léopold fit à cette lettre une réponse conciliante, mais évasive. Frédéric répondit à son tour, mais cette fois d'un ton beaucoup plus pressant. Il demandait la cessation immédiate des hostilités contre la Turquie et joignait à sa dépêche un mémorandum où étaient exposés les points principaux du traité à intervenir : la Turquie céderait les frontières du traité de Passarowitz à l'Autriche ; celle-ci rendrait la Galicie à la Pologne, qui, à son tour, céderait à la Prusse Thorn, Dantzig et les trois woïvodies de Posen, Gnesen et Kalisch.

Ces conditions causèrent à Vienne une irritation facile à concevoir. On répondit cependant, mais cette fois encore sans prendre d'engagement. C'était aux Turcs vaincus, disait M. de Kaunitz, non aux

Autrichiens vainqueurs, à cesser les hostilités ; si l'on ne s'opposait pas, en principe, à ce que la Prusse s'agrandît, bien qu'elle n'eût pas eu à supporter le fardeau de la guerre, il fallait du moins que l'équilibre ne fût point rompu par cet agrandissement, et la perte de la Galicie n'était pas suffisamment compensée par l'acquisition des frontières du traité de Passarowitz. Cette réponse n'avait d'autre but que de retarder, du côté de la Prusse, l'ouverture des hostilités.

V.

Cependant le cabinet de Berlin conservait peu d'espoir de décider l'Autriche, par la voie des négociations, à céder la Galicie. En mai, les troupes prussiennes se mirent en mouvement. Le duc de Brunswick et le roi lui-même en devaient prendre le commandement. La guerre semblait résolue, et il n'y avait plus dès lors qu'à ratifier le traité de Constantinople ; seul, Hertzberg s'obstinait à espérer la réalisation pacifique de ses desseins et à conseiller à l'Autriche de prendre à la Turquie pour rendre à la Pologne. Que si les Turcs, mécontents, comme il était assez facile de s'y attendre, invoquaient le traité tout fraîchement ratifié, rien ne serait plus aisé que de leur fermer la bouche. Car si on leur enlevait deux ou trois provinces, à la vérité non des moins riches ni des moins peuplées, c'était dans leur propre intérêt et pour rester dans l'esprit même de ce traité, dont on violait la lettre. On arriverait à les convaincre, Hertzberg se flattait de cet espoir, qu'en sacrifiant partie de leur territoire, ils sauvaient le reste pour l'éternité, grâce à la générosité de leur bon ami et allié le roi de Prusse. Enfin, le 2 juin, de nouvelles propositions furent envoyées à Vienne, accompagnées d'une lettre de Frédéric-Guillaume. Le roi de Prusse, diminuant ses prétentions, ne demandait plus que la cession d'une partie de la Galicie.

On a des raisons de penser que Léopold eût fini par accepter ces propositions ; mais dans l'esprit du prince de Kaunitz, les négociations engagées entre les deux cours n'avaient qu'un but : donner à l'Autriche le temps de s'armer et de décider la Russie à une action commune contre Frédéric-Guillaume. En effet, les pourparlers se menaient vivement entre Vienne et Pétersbourg. Dans une des instructions adressées à M. de Cobentzel, le prince de Kaunitz examine ce que valent les propositions prussiennes. « Les conséquences de la première proposition vont d'elles-mêmes, écrit le chancelier. Pour nous couvrir des frais de la guerre, de la perte irréparable de deux cent mille hommes, en échange du banat ravagé, nous n'aurons *rien*... Mais si nous acceptions la seconde proposition, nous aurions *moins que rien*, car, non seulement nous perdrions à échanger la Galicie contre les frontières du traité de Passarowitz, mais encore cette perte serait doublée par l'agrandissement de la

Prusse. Dans cette situation et vu l'insistance du cabinet de Berlin, le plus sage serait d'amuser ce dernier par des négociations durant quelques mois et d'employer ce délai à conclure avec la Porte une paix avantageuse. » Il est clair que c'était, en effet, « le plus sage, » mais à une condition toutefois, qui était que la Russie entrât franchement dans les vues de l'Autriche et se disposât à la seconder.

Le maréchal Laudon, qui devait diriger les opérations militaires contre la Prusse, avait émis l'avis que, sans le concours de la Russie, l'armée autrichienne pouvait se trouver dans une position difficile. Kaunitz se voyait donc réduit à négocier tant qu'il n'aurait pas reçu de Pétersbourg une réponse décisive. A la note prussienne du 2 juin il répondit qu'il ne voyait point d'inconvénient à ce que la Prusse prît Thorn et Dantzig, mais que l'Autriche ne céderait rien en Galicie. Tout ce qu'elle pouvait faire, — et c'était sa dernière concession, — serait d'abandonner à la Pologne une partie de la Moravie. Le vice-chancelier, Philippe de Cobentzel, avait eu d'ailleurs l'occasion de s'expliquer à ce sujet, quelques jours auparavant, avec l'ambassadeur de Prusse, Jacobi. « Que la Prusse, lui avait-il dit, prenne en mains les intérêts de sa nouvelle pupille, la république de Pologne, cela se conçoit ; ce qui passe toute imagination, c'est que l'Autriche fasse les frais de la tutelle. Nous croyez-vous à ce point privés de raison que nous nous laissions persuader que ces conditions sont avantageuses pour nous ? Est-ce à des enfants que vous avez affaire, ou pensez-vous que l'Autriche soit tombée si bas ? Deux campagnes nous ont-elles réduits à cette extrémité de consentir à tout ce qu'il vous plaira d'ordonner ? La Prusse veut s'agrandir, soit ! mais l'Autriche entend ne pas se diminuer : elle doit avoir, elle aura autant que la Prusse elle-même. »

Aux demandes inquiètes de l'Autriche, la Russie fit une réponse favorable. Malgré la double guerre qu'elle avait à soutenir, au nord contre les Suédois, au sud contre les Turcs, elle se déclarait prête à mettre en ligne de quarante à cinquante bataillons d'infanterie et une centaine d'escadrons de cavalerie, soit environ soixante mille hommes, sans compter les troupes irrégulières: Il fut beaucoup plus difficile de s'entendre lorsqu'on en vint à régler les détails d'exécution. Le plan de campagne proposé par la Russie ne plaisait pas à l'Autriche; l'objectif de la première était l'occupation de la Pologne, que peut-être elle espérait garder après la guerre, tandis que la seconde aurait voulu qu'on défendît la Galicie. Cependant on serait peut-être parvenu à s'accorder si la conduite du prince Potemkin n'avait inspiré à la cour de Vienne la plus légitime défiance. L'Autriche savait par expérience que les promesses de l'impératrice n'avaient de poids qu'autant que Potemkin était disposé à les tenir; or la politique du prince n'était pas toujours celle de Catherine II, on l'avait bien vu dans la dernière guerre. Par malheur, Potemkin paraissait mal disposé pour l'Autriche ; il avait même négligé de répondre à une lettre autographe que l'empereur Léopold lui avait adressée plusieurs mois auparavant. Sur cette impression, Kaunitz, de moins en moins certain du concours effectif de la Russie, se décida à traiter sérieusement avec la Prusse. Vers le milieu de juin, Spielman fut envoyé de Vienne à Reichenbach, où les négociations avec Hertzberg devaient commencer et où un congrès était réuni.

Spielman était porteur d'un mémorandum dont le premier article stipulait que les négociations ne pourraient avoir d'autre point de départ que l'égalité la plus complète entre les deux cours. Ces négociations ne pouvaient donc avoir que deux bases : le *statu quo* pour les belligérants et à plus forte raison pour les puissances qui n'avaient point pris part à la guerre, — ou bien, d'un côté, Thorn et Dantzig pour la Prusse, mais, pour l'Autriche, un agrandissement équivalent. La Russie restait en dehors des négociations. Spielman arriva à Reichenbach le 26 juin ; le lendemain, les pourparlers commencèrent. Frédéric-Guillaume, à la tête de son armée toute prête à marcher, en attendait impatiemment le résultat. Immédiatement, la difficulté, ou plutôt l'impossibilité d'exécuter le dessein de Hertzberg, apparut dans tout son jour. L'Angleterre, en effet, déclara tout d'abord qu'elle ne consentirait pas à la cession d'une seule province turque. Seule, vis-à-vis de l'Autriche et de la Russie, la Prusse dut négocier sur le pied du *statu quo*. Le 26 juillet, la déclaration fut signée : Hertzberg avait les larmes aux yeux. Le roi de Prusse sortait du congrès avec le beau titre d'arbitre des nations. Le langage d'aujourd'hui est moins noble ; M. de Bismarck se contente du titre de « courtier honnête. » Quant à Hertzberg, le piteux échec de son fameux plan lui porta un coup dont il ne se releva

pas. Il était difficile, en effet, de mettre en
jeu de plus grands moyens pour arriver à un
si piètre résultat. Le traité de Reichenbach
semblait avoir été conclu en faveur des seuls
Turcs, de ces Turcs « ignorants et incorrigibles » que Hertzberg avait si magnanime-
ment pris sous sa protection. Après deux
ans d'une guerre en définitive malheureuse,
ils se débarrassaient d'un de leurs adversaires
sans lui rien laisser entre les mains. Ils
étaient libres dès lors de tourner toutes leurs
forces contre la Russie, qu'ils eussent probablement battue si leurs généraux avaient
été aussi habiles que leurs diplomates.
Hertzberg ne se consola pas d'avoir été
forcé d'exécuter le traité que Dietz avait
signé six mois auparavant à Constantinople,
pas plus qu'il ne se consola d'être éloigné
des affaires à la suite de cet échec. Il con-
tinua toutefois à suivre avec attention, du
fond de sa retraite, les péripéties de la
politique européenne.

En 1794, lors des derniers partages de la

Pologne, il écrivit au roi trois dernières lettres où l'on est surpris de trouver des vues singulièrement justes sur la situation en ce qui concernait la France et la Pologne même. Les projets sont curieux, non moins que les propositions qu'il fait au roi, à qui, d'ailleurs, il ne ménage pas les vérités[1].

« Le titre dont les trois puissances se servent pour partager la Pologne est si odieux et si décrié, qu'il fera toujours un tort infini à

1. Ces trois lettres se trouvent dans un recueil intitulé : *Tisons d'Hercule, ou Fragmens pour servir de supplément et de suite aux lettres confidentielles sur les relations intérieures de la cour de Prusse depuis la mort de Frédéric II.* (A. Paris, 1808.) Malgré cette dernière mention, l'ouvrage a été imprimé, non pas en France, mais en Allemagne, probablement à Leipsig. Il contient quelques documents très curieux et qu'on ne doit guère trouver ailleurs, par exemple, ces trois lettres de Hertzberg ; elles sont accompagnées de la note suivante : « Ces lettres ont été imprimées dans les *Archives statistiques de Haberlin*, a. 1795, journal peu répandu et tombé dans l'oubli. Elles se trouvent aussi dans la troisième partie des mémoires de Hertzberg, qui a été confisquée. » Toute cette correspondance est en français. On sait que Frédéric-Guillaume II n'employait guère d'autre langue.

la réputation des trois souverains et que leurs noms en seront flétris dans toute l'histoire. *Je pouvais procurer à Votre Majesté, par la paix de Reichenbach* (on voit qu'il conserve jusqu'au bout ses illusions) les villes de Dantzig et de Thorn, ainsi que le district entre la Netze et la Warthe... Votre Majesté renonça à cette acquisition légitime... parce qu'on lui fit croire bonnement que les Polonais n'y consentiraient jamais... » Quant à la France, Hertzberg propose au roi de Prusse « de faire passer une déclaration publique à la convention française pour lui proposer, au nom des alliés, de la reconnaître, à condition que tout soit rétabli sur le pied qui a subsisté avant la guerre... » (Juillet 1794.) Dans une deuxième lettre, Hertzberg insiste sur « l'impossibilité absolue de détruire la nouvelle République française... » Il ajoute en soulignant : « On dit communément : *Avec qui doit-on faire la paix en France ? C'est toujours avec celui qui a le pouvoir en main et qui ne se laissera*

pas vaincre par toutes les puissances coali-
sées, selon l'expérience de tant d'années.. »
(juillet 1794.)

Le roi fut dur pour cet ancien serviteur : la lettre qu'il écrivit en réponse
à ces avertissements est cruelle, peu digne
d'un souverain qui avait usé si longtemps
des services de Hertzberg. Elle est assez
courte pour être citée en entier. « Au comte
de Hertzberg, à Berlin. Il fut un temps où
vous remplissiez un devoir en me soumet-
tant votre opinion sur les affaires que je
confiais à votre zèle. Aujourd'hui que votre
carrière diplomatique est finie, je vous eusse
tenu compte de la discrétion qui m'eût épar-
gné des conseils dont je ne fais cas qu'autant
que je les demande. Laissez aux ministres,
que ma confiance prépose aux intérêts autrefois commis à vos soins, celui de recevoir
mes ordres et de les exécuter. Je sais appré-
cier le patriotisme et j'aime à croire qu'il
a seul inspiré vos offres. Il serait possible
cependant que l'amour-propre en eût pris

les formes à vos yeux et vous eût abusé sur vos véritables motifs, et je serais charmé que cette idée vous mette assez en garde contre vous-même pour vous renfermer dans le cercle de vos devoirs actuels et me sauver le désagrément de vous en répéter sans cesse le conseil. Sur ce, je prie Dieu qu'il vous ait en sa sainte et digne garde. Du camp d'Oppenheim, le 20 juillet 1794. — Frédéric-Guillaume II. »

Il convient d'ajouter que le roi ne perdit de vue ni Thorn ni Dantzig, que le dernier partage de la Pologne devait bientôt mettre entre ses mains ; mais la Prusse cessa, du moins pour un temps, de s'occuper avec la même sollicitude de ce qui ce passait en Orient. Le succès de ses dernières négociations avec les Turcs n'était pas pour l'encourager dans cette voie, où M. Bismarck devait rentrer juste un siècle plus tard.

Tels sont les faits : peut-être ne serait-il pas si malaisé de tirer de leur exposé des conséquences qui semblent en découler assez naturellement ; mais, ces conséquences, le lecteur aura le plaisir ou la peine de les déduire lui-même s'il le veut. Quant à conclure du passé à l'avenir, c'est une chose qu'il vaut mieux laisser à ceux dont c'est le métier d'avoir de la pénétration dans l'esprit.

UNE EXCURSION

DANS LA

PRUSSE ORIENTALE

MARIENBOURG — DANTZIG
LE SIÈGE DE 1813

I

DE VARSOVIE A MARIENBOURG

Il est peu de pays moins connus en Europe que la Prusse orientale. Située en dehors des grandes voies qui unissent les capitales, loin du centre, dépourvue d'ailleurs de montagnes et de tout le pittoresque un peu vulgaire qui attire et qui retient le touriste désœuvré, cette contrée est d'un aspect sévère et peu engageant ; le climat en est froid et rude, même en été et surtout sur les bords de la Baltique ; elle n'a d'ailleurs ni villes d'eaux réputées, ni lieux de plaisance à la mode. Le voyageur ne fait guère que traverser ce pays bas et plat, où les eaux séjournent en lacs innombrables sous un ciel terne et lourd. Quant à la race qui l'habite, elle est fortement charpentée; ses traits sont rudes et accentués; elle n'acueille pas volontiers l'étranger et le Français en particulier; on la dit honnête et dure à la peine.

Cependant, si la contrée reste dédaignée du touriste, j'imagine qu'elle a depuis longtemps attiré l'attention des militaires. C'est en effet, avec la frontière franco-allemande et pour les mêmes motifs, une des régions de l'Europe où il est probable que de sanglantes parties s'engageront tôt ou tard; tôt ou tard, le Slave et le Teuton se heurteront dans ces vastes plaines qui semblent faites pour l'égorgement des multitudes armées que la prochaine guerre jettera l'une contre l'autre.

Puis, nous autres Français, nous y trouvons, comme partout en Europe, des souvenirs durables de notre gloire militaire. Voici Eylau, de sanglante mémoire; voici

Dirschau, où Bachelu infligea aux Russes un dernier échec en 1813 ; enfin, voici Dantzig. Aujourd'hui, Dantzig s'est à ce point absorbée dans son commerce que c'est à peine si, une fois en dix ans, son nom se lit dans nos journaux. Cependant cette ville fut française. Lestement prise par nos soldats en 1807, elle fût opiniâtrément défendue par eux en 1813. C'était plus de raisons qu'il n'en fallait pour me décider à faire le voyage aux vacances dernières.

De ce côté, la Russie n'est séparée de la Prusse que par un simple trait arbitrairement tracé sur la carte. De Varsovie jusqu'à cette frontière toute politique, la route n'offre absolument rien d'intéressant. C'est ce même pays plat, tout uni et monotone, dont l'aspect devient si vite familier à quiconque a seulement traversé la Pologne. Même quand on a depuis longtemps passé la frontière, cet aspect persiste ; seulement, les constructions rurales sont plus propres, plus soignées ; la terre est mieux cultivée ; enfin, à mesure

qu'on avance, l'air lui-même se modifie,
s'avive et, d'assez loin, sent « la marine ».

Le changement qui nous est le plus sen-
sible, c'est celui de la ligne même sur laquelle
nous roulons; ici, en effet, la frontière est
à peine passée que le Prussien apparaît.
Jusqu'à Eylau, chaque gare est flanquée
de vastes casernes en briques et en bois, pour
le moment et d'habitude inoccupées, mais
toutes prêtes à recevoir et abriter les troupes
dès que l'heure de la mobilisation aura sonné.
Les gares, je dis les plus petites, sont toutes
munies des engins nécessaires pour l'embar-
quement de l'artillerie, de quais considérables
pour l'infanterie et la cavalerie, de rampes
d'accès, de voies de garage et de dégagement.
Tout a été prévu, calculé, préparé en vue de
ce moment unique de la mobilisation; il
s'agit de jeter, de l'autre côté de la frontière, le plus de monde possible et le plus
vite possible.

A partir d'Eylau nous entrons dans la
région des lacs : cette ville elle-même est

située sur une sorte de presqu'île, au milieu d'un lac tout en longueur et en détours; on dirait d'une grande rivière sans courant, immobile.

Nous arrivons à Marienbourg vers quatre heures et il pleut à torrents. Comme nous n'y connaissons pas d'hôtel, nous montons dans le premier omnibus venu ; il nous conduit à l'hôtel de Leipzig, hôtel fort modeste, où nous sommes d'ailleurs aussi bien que possible, sauf l'affreux couchage allemand.

La nuit tombait déjà lorsque nous sommes sortis pour aller dîner. Tout juste en face du vieux château des Teutoniques, nous avons eu l'heur de trouver un restaurant où l'on écorchait un peu et beaucoup le français; il faut l'entendre comme je le dis, dans les deux sens. Il s'y trouvait une large terrasse vitrée où nous nous sommes installés

Le ciel semblait s'être arrangé pour que le décor fût à souhait : il était balayé de grosses lourdes nuées gris sombre, sur lesquelles l'énorme masse du château apparaissait triste et terne, comme rouillée, c'est-à-dire, j'imagine, avec son véritable caractère. Bâtiment très massif, comme toutes les constructions militaires en briques du moyen âge ; toits très élevés, très pointus, couverts en tuiles émaillées multicolores, disposées en rais et en losanges, garnis sur tout leur pourtour de hauts créneaux ; contreforts gigantesques et dont chacun est comme une construction à part ; irrégularités des saillants et des rentrants provenant du hasard des constructions rajoutées sur un sol inégal dont on a voulu utiliser les ressauts et les accidents, tel apparaît le repaire des vieux Teutoniques, par un soir d'été, après l'orage. A mesure que la nuit tombe, cette lourde masse s'assombrit, où nulle fenêtre ne s'allume, Sur les ténèbres croissantes du soir, elle ne tranche pas en blanc ou en gris comme nos constructions de pierre : tout au rebours, sauf quelques points qui renvoient faiblement les rayons des lumières environnantes, c'est comme un trou plus sombre dans la sombre nuit.

Le lendemain, le temps paraît se remettre au beau, mais il fait toujours frais : c'est déjà la brise marine qui nous souffle au visage ; on la reconnaît à sa vivacité, à sa brusquerie tranchante. Nous allons rôder dans la ville. Après de nombreux détours dans des ruelles tortueuses et montantes, mal pavées et bordées de maisons toutes inégales, nous tombons dans la rue principale, et c'est l'heure du marché. Très curieuse, cette rue. Des deux côtés, des arcades massives forment comme un cloître ; en dehors de ce cloître, empiétant encore sur la rue mal pavée, il y a devant chaque maison un petit enclos avec un jardinet minuscule ou une logette avec une table et des chaises. Là, dans les beaux jours de la belle saison, déjà bien courte sous ce ciel inclément du nord, les bons bourgeois viennent vider leur *seidel* de bière brune en fumant leur pipe ; c'est la vie de famille transportée sur la place publique.

Toutes les vieilles maisons dressent sur cette rue leur haut pignon pointu et dentelé, irrégulièrement bâties, mais toutes également étroites, s'étendant en profondeur, s'allongeant, s'écrasant pour prendre un peu d'air et de vue sur la place. A l'heure où nous nous y trouvons, c'est le marché; les bonnes femmes des environs, très propres, sont assises sous les arcades, au bord du trottoir, à côté de leurs paniers de fruits et de fleurs bien rangés, très engageants ; elles ont, les vieilles, des traits accentués, la peau ridée, l'expression généralement très mélancolique; à toutes, la joie de vivre, — s'il y en a une, comme je me le suis laissé conter, — semble tout à fait inconnue.

J'imagine qu'il y a deux cents ans, trois cents ans, la rue avait exactement le même aspect que je lui vois aujourd'hui ; cette enseigne en fer découpé qu'on voit pendre là-haut, il y a des siècles qu'elle se balance au vent ; l'Hôtel de Ville, le charmant Hôtel de Ville que voici, pointait déjà sa tourelle

vers le ciel en plein moyen âge; seulement
les tuiles et les briques en étaient peut-
être un peu moins noires et enfumées.
Seules, les belles boutiques qui s'ouvrent
au rez-de-chaussée dans la pénombre des
arcades se sont mises au déplorable goût
du jour; elles sont peintes, elles sont dorées,
elles sont ornées de grandes glaces derrière
lesquelles sont disposés, en monceaux symé-
triques, les affreux bibelots qu'on vend dans
toute l'Allemagne sous le nom de galan-
teries : porte-monnaie, porte-cigares, porte-
cartes, porte-crayons ; et j'avoue que cela
me gâte un peu ma vieille ville, si calme, si
honnête d'aspect.

Vers onze heures, nous quittons ce joli
décor, où quelques-unes des scènes du Faust
de Gœthe ont dû se jouer plus d'une fois, et
nous allons visiter le château. Il faudrait dire
les châteaux, car il y en a eu jusqu'à trois
accolés les uns aux autres. Il en reste encore
deux : le plus ancien (*Hochschloss*) qui date
de 1274, et le moyen (*Mittelschloss*) qui est

quelque peu postérieur à 1309. Ce dernier fut construit à côté du premier quand Marienbourg, après la bataille de Tannenberg, devint la résidence du grand maître de l'ordre. Nous n'en avons pu voir que peu de chose, car on le répare présentement aux frais de l'empereur d'Allemagne ; la cour en est livrée aux maçons, tout encombrée de briques, de plâtras et de débris de toute sorte. Cette cour était entourée autrefois de plusieurs étages de cloîtres dont il ne reste guère que les amorces. C'est dans une aile de ce Mittelschloss que se trouve l'église, où l'on entre par un portail gothique de style très pur, et que, pour cette raison sans doute, on appelle la *porte d'or*. Nous y avons vu, parmi des monceaux de déblais, les stalles en chêne sculpté des chevaliers, un grand autel bardé de fer muni de deux volets, qui me semble bien grand et bien lourd pour être, comme on dit, l'autel de campagne de l'ordre. Malheureusement, cette grande chapelle, d'un style gothique aussi pur, aussi élancé que le

comporte l'emploi de la brique, a été res-
taurée au commencement de ce siècle par
des goujats ignorants, dépourvus de toute
espèce de goût, à qui un horrible badigeon
bleu clair semé d'étoiles jaunes paraissait la
perfection même de l'art de peindre. Ils ont
été jusqu'à *orner* la muraille de fausses
fenêtres et de fausses draperies. Il est juste
d'ajouter que la restauration actuelle est
entendue de toute autre façon ; les moindres
fragments, les plus insignifiants, sont recueil-
lis avec soin, repérés, puis simplement net-
toyés et replacés. On s'en tient à la fidélité,
à la conscience méticuleuse ; on ne cherche
pas à embellir, ce qui serait l'infaillible
moyen d'enlever au monument son caractère
d'austérité, de sévérité septentrionale, de
lourdeur grandiose.

Sous l'église, dans une crypte obscure,
aux parois toutes rongées par l'humidité,
reposent quelques-uns des grands maîtres
auxquels la Prusse actuelle doit tant. Depuis
des siècles et pour des siècles, ils sont là

couchés sous les larges, lourdes dalles de
pierre grise; la place qu'ils occupent est
petite; leur nom pour la plupart obscur;
mais semblable à la verge symbolique des
Écritures, la lourde épée à deux mains qu'ils
portaient au flanc s'est couverte de feuilles,
puis de rameaux, puis enfin est devenue cet
arbre gigantesque dont l'ombre étouffe la
plus grande partie de l'Europe. Le Mittelschloss est d'aspect moins sévère, surtout à
l'intérieur. Les salles en ont été restaurées
avec beaucoup d'exactitude et de simplicité ;
on s'est généralement contenté de recouvrir
les murs de mortier, même encore on a pris
le soin de laisser par endroits l'ancien mur à
nu pour qu'il fût plus facile de se rendre
compte de l'état primitif des lieux. Ces murs
de briques, percés d'étroites fenêtres en
ogive, sont d'une épaisseur formidable ;
salles, corridors, escaliers, tout est voûté,
tout est massif. Nul luxe d'ailleurs, et sauf
celui de la construction même, aucun art ;
point de statues, point de tableaux, point de

vitraux, sinon modernes ; quelques armes, en bien plus petit nombre qu'on ne s'y serait attendu, quelques ornements d'église, voilà tout ce qu'il reste du mobilier, et c'est si peu que ce n'est rien.

On entre par une sorte de cloître voûté, éclairé par cinq grandes baies ogivales qui déversent une lumière crue sur la nudité des murs. De ce cloître, on pénètre dans le grand *Remter* ou salle du Maître. C'est une vaste pièce carrée, à la voûte hardie retombant sur un seul pilier de granit noir placé au milieu du carré. Près de la porte, s'ouvre dans le mur une large baie fermée d'épais volets de chêne à ferrures compliquées, flamboyantes. C'est par ce guichet que les valets de cuisine passaient les plats qu'ils posaient sur une large tablette de granit noir. Une rigole, creusée dans le granit, conduisait les sauces ou la cervoise renversées dans un réservoir ménagé dans l'épaisseur du mur. Un peu plus loin, du même côté, une vaste cheminée, très simple, élève sa hotte presque jusqu'à la naissance de la voûte. Les fenêtres à croisillons de cette belle salle sont ornées de vitraux modernes, mais sévèrement tenus dans le style de l'époque; le pavement en est de marbre noir et blanc, très simple.

On passe ensuite dans une autre salle plus petite, dont le caractère est exactement le même, puis dans la grande salle (*Remter*) des Chevaliers. Cette salle-ci est beaucoup plus vaste, grande comme une nef gothique, toute nue d'ailleurs; elle est éclairée par quatorze grandes verrières ogivales. La voûte, très élégante dans sa simplicité hardie, retombe sur trois piliers de granit rouge; ces piliers sont en l'air; la base n'en repose immédiatement sur rien; elle sert de clef aux voûtes des salles inférieures.

Après nous avoir fait visiter encore quelques pièces d'un caractère tout semblable, notre guide s'engage dans un escalier étroit, tortueux, qui s'enfonce par endroits dans l'intérieur des murs et devient alors tout à fait obscur, avec de brusques ressauts, des arrêts qui semblent sans issue, des perrons irréguliers fermés de portes formidables ; nous arrivons ainsi aux combles. Le toit est très élevé, très lourd, il est soutenu par une de ces magnifiques charpentes du moyen âge, — cœur de chêne ou de châtaignier, — poutres noires et lisses, creusées par endroits d'inscriptions gothiques. Tout autour du toit, à l'extérieur, règne un large créneau qui nous permet de faire le tour du toit ; la vue qu'on a d'ici est très étendue. L'aire des vieux Teutoniques est bâtie sur une hauteur ; elle domine le cours de la Nogat, qui vient presque en baigner les murailles ; elle domine la plaine immense qui va s'étendant par delà le fleuve presque jusqu'à la mer. A nos pieds, les vieilles petites maisons se pressent, s'entassent à l'ombre du château ; on dirait que c'est, entre elles, à qui se serrera le plus contre lui, au risque d'écraser sa voisine.

Nous redescendons par le même escalier, et nous visitons encore quelques salles ; il y

a des escaliers partout ; il en débouche
jusque dans les embrasures des fenêtres ; ce
sont les défenses naïves, mais compliquées
du moyen âge, ces « pas » dans la muraille,
ces allées et venues discrètes, secrètes,
inquiètes, que Walter Scott a par endroits si
bien vues.

Avant de quitter définitivement le château, nous nous arrêtons un instant dans la
première cour. Là même où les rudes Teutoniques, sur leurs chevaux bardés de fer,
faisaient leurs chevauchées, quelques buis-
sons et quelques fleurs croissent au hasard
dans un petit parterre, et, plus loin, aux gros
barreaux du soupirail de la crypte, une
chèvre est attachée. Enfin ! Voici quelque
chose qui intéresse ma fille : elle n'a de
cesse qu'elle se soit approchée de la chèvre ;
elle la caresse ; l'animal paraît accoutumé
aux enfants et se laisse tranquillement faire.

Et comme il faut bien que le Prussien se
montre partout, la partie habitable (la plus
moderne) du château a été transformée en

caserne et en magasin d'habillement, ainsi qu'il appert, noir sur blanc, des nombreuses inscriptions dont l'intendance a orné les vieilles portes de chêne. Et le voici lui-même qui monte la garde devant ces portes, le seul héritier des vieux Teutons, — le grenadier poméranien de M. de Bismarck.

Le château solitaire m'aurait plu davantage. C'est un beau décor moyen âge, très intéressant, très suggestif; l'imagination l'anime, le peuple facilement. Je ne vois guère à en rapprocher, parmi les monuments que je connais, que le château du prince-évêque de Saltzbourg. Mais celui-ci, juché au sommet d'une colline escarpée, dans le pays le plus pittoresque qui soit, est d'aspect moins sévère, plus clair, plus riant. Moyen Age aussi sans doute, mais plus occidental, plus civilisé, plus civil. D'ailleurs, que pourrait-on concevoir de morose là même où naquit Mozart, la joie, la bonne humeur la facilité de vivre incarnée? Ici, tout au rebours : c'est le moyen âge et le moyen âge des brumes, tout sombre, tout féodal, tout militaire, rendu plus morose encore par le dur climat, par ces briques qui brunissent si vite et forcent à faire les murs si épais, les fenêtres si étroites; c'est un moyen âge bardé de fer, c'est une Prusse avant la lettre, ou plutôt, c'en est comme une de ces épreuves d'essai où l'on ne distingue encore que des lignes dures, anguleuses et heurtées.

Nous ne quittons le château que pour revenir dîner à table d'hôte. Partout, en Allemagne, on mange mal; mais c'est un fait certain qu'en Poméranie, on mange pis. Les mets manquent de goût ou parfois, ce qui est bien pis, en ont d'étranges; les repas sont chers, ils sont surtout ennuyeux; on est mal servi et petitement, avec propreté sans doute, mais sans le moindre confort, sans la moindre élégance.

II

DANTZIG

Pour aller de Zoppot à Dantzig, nous avons pris, cette fois, la route de mer. Notre traversée n'a guère duré qu'une heure jusqu'au phare de Westerplatte, qui est à l'embouchure de la Vistule, et une heure encore, pour de là, remonter la Motlau jusqu'à Dantzig, en côtoyant sans cesse des fortifications formidables dont beaucoup furent commencées et achevées par des mains françaises, et en passant à travers une innombrable flottille de bricks de tous les pays. C'est par ici qu'il faut aborder la vieille ville hanséatique ; c'est par ce fleuve aux eaux noires et épaisses, c'est par ces quais bordés de vieilles maisons qui font une suite sans fin de pignons pointus, découpés, inégaux, tels qu'on n'en voit guère que dans les décors d'opéras. Ces quais sont le cœur même de Dantzig ; un cœur très vieux, mais qui bat encore vigoureusement. Le bateau nous dépose au pied d'une très vieille tour, porte de l'ancienne ville; la partie supérieure en est garnie d'une avancée qui surplombe notablement. En passant sous la porte, nous voyons au-dessus de nos têtes deux immenses roues de bois que les mariniers manœuvrent comme les chiens font tourner les roues des cloutiers ; par le moyen de ce mécanisme fort simple, ils abattent ou redressent les mâts de leurs gabares avant le passage des ponts de Dantzig.

La porte passée, nous nous trouvons dans la Breitegasse; c'est une rue comme celles de Marienbourg, comme toutes les vieilles rues de Dantzig, très large, bordée de hauts pignons avec, devant chaque maison, des jardinets et des logettes empiétant sur la rue. Malheureusement la pluie tombe et la nuit vient ; je ne le regretterais pas trop s'il ne fallait, pour gagner un hôtel, s'aventurer dans des ruelles transversales, très étroites et sombres, sans avoir même la ressource de s'enquérir du chemin auprès des rares passants qui filent sous la brume, car c'est une affaire entendue; ici comme à Marienbourg, comme à Zoppot, personne n'entend le français ni le polonais ou ne veut les entendre. Heureusement les indications du guide Bœdeker sont exactes et minutieuses, et nous arrivons, sans trop de peine, à l'hôtel où, n'entendant personne et n'étant de personne entendus, nous avons mille maux à nous faire donner une chambre et servir à manger.

Le temps, cependant, s'est remis tant bien que mal et nous pouvons aller faire un tour par les rues. Et du coup, le vrai caractère de Dantzig nous apparaît; comme construction, comme aspect, c'est peut-être bien le même moyen âge déjà vu ailleurs; mais ailleurs, c'était un moyen âge conservé, comme embaumé, une momie de moyen âge, ou mieux encore, le cercueil d'une momie. A le voir, ce cercueil, à l'examiner sur toutes ses faces, on peut bien à la vérité se faire une idée du corps qui l'occupait, et si même la momie est encore dans la boîte, comme il arrive parfois, on peut bien se faire une idée de ce qu'elle fut de son vivant, mais combien faible, combien vague et combien incomplète ! Ici, tout au rebours : C'est le moyen âge vivant qu'on a sous les yeux. Si étranges et si incommodes que ces tours, ces pignons et ces logettes puissent paraître, ils sont encore habités — et par des gens dont les mœurs n'ont pas beaucoup varié depuis des siècles : mœurs de marins, mœurs de pêcheurs, mœurs de marchands, les plus immuables de toutes, puisqu'elles sont ici commandées par l'élément le plus divers et mobile, mais au fond le moins changeant qui soit : l'océan. Maintenant, tout comme il y a quatre ou cinq cents ans, échoppes et cabarets ouvrent leurs portes sur les quais noirs de la Motlau ; maintenant comme autrefois, ce sont des mariniers et des pêcheurs qui les fréquentent ; tout ce peuple très actif, infiniment respectueux et soigneux des choses d'autrefois, se meut à l'aise dans le cadre quatre à cinq fois séculaire de ces vieilles murailles ; sa plus grande hardiesse va jusqu'à récrépir et repeindre les murs ; elle ne va pas, sauf pour les rez-de-chaussée qui ont dû se plier aux exigences du commerce moderne, à changer le galbe d'une porte, à éclaircir l'obscurité d'un escalier, à agrandir une fenêtre, à déplacer une vieille enseigne. Nulle part de rue nouvelle ; pas de maisons neuves ou, s'il y en a, elles sont dans le goût d'autrefois : on s'arrange de ce qui est, et il ne paraît pas que ce qui est soit si incommode. L'hôtel même où nous descendons, le premier de la ville, n'a presque rien admis du confort moderne, mais quelle bière on y boit, et dans quels verres !

La principale artère de la ville est le Langmarck ou Long Marché : c'est une rue fermée à ses deux extrémités par deux portes monumentales, dont l'une donne accès à un pont sur la Motlau qui conduit à l'île des greniers et de là à Langgarten.

De l'autre côté, la rue aboutit au rempart : il y a là encore une porte superbe, maintenant complètement isolée, à laquelle on a malheureusement rajouté, il y a deux cents ans, une porte renaissance trop massive et qui jure singulièrement avec le reste.

III

DANTZIG (*Suite*).

Nous sortons de la ville de ce côté. Les remparts de l'enceinte sont très élevés, les fossés très larges. A Langfurth, joli faubourg de la ville, il y avait alors grande fête : force chevaux de bois, baraques de saltimbanques et de montreurs de toutes sortes de choses, le tout agrémenté de musiques diverses, de lumière électrique, etc. Je remarque, entre autres, un jeu qui doit faire la joie des bons Dantzickois. C'est un *carousel*, comme on dit à Varsovie, où les chevaux de bois, les petites voitures traditionnelles sont remplacées par des barques munies de leur gréement, toutes voiles dehors. Par le moyen d'un mécanisme que j'oserai bien qualifier d'ingénieux, les bateaux, tout en tournant, montent et descendent, basculant autour de leur axe, — tangage et roulis, — comme ferait une barque qui, par une grosse mer, serait ballottée sur les vagues. Beaucoup de monde autour de ce joujou — et dessus : ce monde assurément a l'estomac solide.

Le lendemain matin, je passe la matinée à regarder le joli décor qu'on voit sous nos fenêtres ; elles donnent sur le Langmarck, tout bordé de maisons étroites, aux pignons dentelés, dont il n'y en a pas deux qui se ressemblent ni qui soient d'une hauteur égale. Tout juste en face de nous, s'élèvent les quatre pignons très pointus, les toits très inclinés et la flèche élancée de la vieille maison des Drapiers anglais. Puis, au-dessus de ce fouillis de pignons qui semblent monter les uns sur les autres, les dix clochetons et la tour carrée, massive, de *Marien-Kirche* (Notre-Dame). Tout cet assemblage paraît invraisemblable ; il semble qu'on se soit donné le mot pour réunir, dans un si petit espace, les types les plus divers de l'architecture civile et religieuse ; il semble qu'on ait devant soi un décor d'opéra, charmant à l'œil en vérité, mais tout en façade, tout en surface, inhabité et inhabitable. Il n'en est rien. Dès que je baisse les yeux, mon regard tombe sur le marché qui se tient, comme à Marienbourg, sur le trottoir, de chaque côté de la rue, et, comme à Marienbourg, il y a foule, et cette foule s'agite autour de provisions très propres et très fraîches, sans cesse visitées par les bourgeoises de la ville, dont les plus huppées ne dédaignent pas de faire elles-mêmes leur marché. Mais pourquoi donc ont-elles toutes au bras des paniers si étranges, de forme si ridicule ?

Après midi, nous allons faire un tour à Langgarten et à l'île des greniers. Il se tient ce jour-là, sur le quai, un grand marché de faïence et de poterie, une belle poterie brune et luisante, bien polie, de grain fin, qui doit faire la joie des cuisinières.

Nous revenons sur nos pas ; nous n'avons guère le temps de visiter la ville en détail ; nous faisons quelques emplettes, séduits que nous sommes par l'extrême bon marché de toute chose. Nous passons devant l'Arthu-soff ou maisons de marchande, sans y entrer. Pourquoi classe-t-on parmi les monuments à visiter le Neptune de bronze qui est devant? Ce n'est guère qu'un Mannekenpis quelconque ! Un vrai monument, c'est l'Hôtel de Ville, et cela se conçoit. Ville hanséatique, ville libre, Dantzig eut toujours le culte des franchises municipales dont l'Hôtel de Ville est le temple. Les gens d'ici étaient fort riches ; ils l'étaient dès le XIIIe siècle, et dès lors, pouvaient se bâtir des maisons confortables dont beaucoup se voient encore dans les rues. Ils savaient, grâce à leurs voyages lointains, où trouver les bois rares, les marbres précieux et les fins artisans, mosaïstes ou sculpteurs, capables de les mettre en œuvre. Aussi les salles de l'Hôtel de Ville qui ont gardé leur aspect, leur ornementation, leurs boiseries du temps, sont-elles tout simplement admirables. Il y a là des merveilles en ferronnerie, dinanderie, bois sculpté, en marqueterie, mosaïques, en meubles, bureaux, cassettes; en peinture, enfin, cette belle peinture allégorique et symbolique à laquelle on ne comprend rien, malgré les inscriptions, malgré les banderoles qui sortent de la bouche des personnages, mais qui plaît néanmoins par la tache gaie qu'elle met dans les caissons de vieux chêne. Et puis, par quels superbes escaliers en bois on monte du rez-de-chaussée au premier étage !

Il paraît que Marienkirche (Notre-Dame) est un des monuments les plus curieux de l'architecture religieuse (xve siècle) de ces contrées. Il se peut bien, si toutefois l'on admet qu'il puisse y avoir du vrai gothique construit en briques. D'ailleurs, il est présentement difficile d'en juger. L'édifice est, depuis je ne sais quelle époque, consacré au culte protestant; or, ces gens-ci sont avant tout utilitaires, pratiques; ils craignent Dieu sans doute, et c'est pourquoi ils viennent prier dans son temple; mais ils craignent aussi les courants d'air et le froid aux pieds, et c'est pourquoi ils ont découpé la grande nef en logettes vitrées qu'ils chauffent comme ils peuvent. Dans une des nefs latérales, ils ont installé une statue de leur Luther avec sa face puissante si l'on veut, mais à coup sûr vulgaire, charnelle, lippue, comme celle d'un boucher bien portant; dans le chœur même, ils ont mis les portraits, d'ailleurs assez mauvais, de leurs ministres; ces visages bien rasés de parfaits notaires dans l'exercice de leurs fonctions, font un singulier effet dans cette grande nef, à deux pas du tryptique de Memling, tout à côté du maître-autel, aux sculptures si patientes, si fouillées, si fines ; cette vieille église en est déshonorée. L'édifice, cependant, est curieux ; les dimensions et le style en sont remarquables, mais l'appareil en est grossier, les détails mal traités ; les caissons, par exemple, et les alvéoles des voûtes sont la plupart irréguliers comme grandeur et comme profondeur. Dans une des chapelles latérales (sainte Dorothée) est la perle de l'église : un jugement dernier de Memling. C'est un tableau d'assez grandes dimensions, peinture fine et léchée comme celles de tous les primitifs allemands, naïve d'expression et en même temps très compliquée d'intention, d'une anatomie enfantine et pourtant exacte, où les personnages nus ont des raideurs et un teint de cadavre, avec, dans le dessin et le détail des figures, des traits d'un réalisme très intéressant. Je ne doute pas que cette peinture soit aussi précieuse qu'on le dit pour l'histoire de l'art ; vue en soi, jugée en soi, elle m'a paru froide, terne et grise.

Dans une autre chapelle, on montre ce qui reste de l'ancien trésor de l'église : vêtements, vases sacrés, beaux missels enluminés ; ceux-ci sont ouverts en permanence sur deux pupitres où la poussière les ronge à loisir, car pourquoi chercherait-on à sauver ces restes abhorrés de l'exécrable superstition papiste ?

Nous terminons nos promenades à travers la ville par une dernière course. A quoi, en effet, servirait-il d'être venu à Dantzig, si l'on n'emportait deux ou trois flacons de cette fameuse liqueur où nagent quelques rares paillettes d'or. C'est dans la Breitegasse, au numéro 52. La fabrique existe là, sans interruption, depuis 1598, et je ne crois pas que la maison, au cours de ces trois siècles, ait subi le moindre changement. Il y a foule de mariniers, de gens du port, de populaire, qui viennent quérir leur provision quotidienne. J'ai peine à me frayer un chemin dans cette foule qui emplit un corridor très long et très sombre et ne me voit pas d'un trop bon œil. Au fond du corridor, un petit guichet. C'est une grosse maman qui, toute seule, fait le service : je ne vois pas qu'elle ait grande confiance dans ses clients, car elle s'entoure de toutes les précautions et défenses possibles. Elle est obligée d'aller quérir à la cave les deux flacons que je lui demande. Autour de moi, les murmures, les chuchotements redoublent, c'est un retard imprévu pour tous ces assoiffés. Enfin, je suis servi et nous rentrons à l'hôtel.

IV

LE SIÈGE DE 1813

Je ne sais comment il se fait que la belle défense de Dantzig en 1813 ne soit pas plus célèbre et qu'elle n'ait pas plus occupé nos écrivains militaires. M. Thiers n'en fait pas mention, je crois, et hors la relation contemporaine, ou à peu près, du capitaine Dartois, je ne sache pas que ce beau fait d'armes, tout à notre honneur, ait tenté la plume de quelqu'un de nos historiens. C'est sans doute et d'abord que Dantzig est bien loin de la France ; c'est ensuite, je pense, qu'au moment où Rapp soutenait cette lutte héroïque, le sort même de Napoléon et de l'Empire attirait tous les regards, fixait toute l'attention de l'Europe.

On sait que, pendant la campagne de Russie, Napoléon avait commis le 10e corps de la grande armée (Macdonald) à la garde de la Dwina en lui assignant pour tâche le siège et la prise de Riga. On sait encore comment, le 5 décembre 1812, Napoléon quitta furtivement, à Smorgoni, ce qui restait de la grande armée pour rentrer en hâte à Paris. Le 9, Macdonald recevait de Wilna l'ordre de battre en retraite et de couvrir Kœnigsberg et Dantzig. Le 31, à 9 heures du matin, il apprenait la défection du corps prussien d'Yorck. Ce fut le général Bachelu, commandant l'avant-garde, qui lui en transmit la triste nouvelle.

Par cette défection, la situation du 10ᵉ corps se trouvait gravement compromise ; séparé du reste de l'armée, tout « en l'air », exposé aux attaques d'un ennemi que la victoire rendait chaque jour plus hardi, Macdonald pouvait être tourné, enveloppé et réduit à mettre bas les armes après une défense inutile. On avait d'autant plus lieu de craindre une catastrophe que les Russes semblaient enfin s'apercevoir de cette situation dangereuse. Le 1ᵉʳ janvier 1813, ils avaient attaqué à Labiau la 7ᵉ division. Bachelu soutint seul leur choc et parvint à les repousser : il permit ainsi au 10ᵉ corps, épars jusque-là, de se concentrer, et Macdonald ayant moins à redouter, put ralentir sa marche. Le maréchal hésitait encore s'il se retirerait sur Dantzig ou sur Marienbourg. Napoléon, cependant, avait compté que la ligne de la Vistule arrêterait l'insolence de l'ennemi. Il voulait y rallier son armée et en faire la base du mouvement offensif qu'il avait encore l'illusion de croire possible. Dantzig était dans sa pensée comme la clef de cette défense nouvelle. Dès le 3 décembre 1812, avant de quitter l'armée, par un ordre daté de Smorgoni, il avait désigné Rapp pour prendre le commandement de cette place importante.

Malheureusement, la ville n'était pas en état de défense; ni en hommes, ni en vivres, ni en fortifications on n'avait songé à faire le nécessaire. Les munitions seules étaient au complet. C'était, en ce temps-là, ce dont on s'inquiétait avant tout. Lepin, envoyé en toute hâte à Kœnigsberg où d'immenses approvisionnements se trouvaient amassés, n'en put rien ramener. Les hommes surtout manquaient. Le 4 janvier, Rapp se plaint au major général que la garnison n'est pas même en état de faire le service de surveillance des fortifications. Heureusement, on a quelques jours devant soi; les débris du 10e corps sont successivement dirigés sur Dantzig; on fait en hâte des approvisionnements. Le 13, les Russes devenant par trop entreprenants, Bachelu les attaque à Dirschau et les repousse de la rive droite de la Vistule. Du 17 au 20 janvier, les débris de la grande armée rentrent encore dans Dantzig.

Le 21 janvier 1813 le blocus est fermé : la ligne de feux qui, le soir venu, marque au loin l'emplacement des bivouacs ennemis, ira désormais se resserrant peu à peu ; les Français enfermés dans Dantzig pourront bien la faire fléchir tantôt sur un point, tantôt sur un autre, ils ne la franchiront plus ; elle ne s'ouvrira devant eux que pour leur laisser prendre le chemin de l'exil.

Depuis que nos troupes avaient pris Dantzig en 1807, Napoléon avait projeté d'en faire sa plus grande place d'armes et comme le centre de sa puissance militaire dans le nord de l'Europe. Dantzig était comme un coin entre la Russie et la Prusse ; de là, l'empereur menaçait également l'une et l'autre puissance, et il les menaçait dans leur frontière maritime aussi bien que dans leur frontière continentale. L'ensemble des travaux qui devaient en faire une des places les plus fortes de l'Europe était un des plus vastes qu'on eût jamais conçus. Autour d'une enceinte bastionnée de vingt fronts, de tous côtés baignée d'eaux vives, une chaîne de forts protégeaient les abords de la place, la reliaient au nord avec la forteresse de Wechselmunde, qui défend encore aujourd'hui l'embouchure de la Vistule. Mais cette étendue même était alors un embarras non petit; on avait trop peu de monde pour garnir ces vastes remparts. Et quel monde ! Français, Polonais, Espagnols, Napolitains, Allemands, sujets de douze à quinze princes, formaient un total d'environ trente-six mille hommes appartenant à plus de cent corps différents. Beaucoup étaient malades, un plus grand nombre encore étaient démoralisés. En un mot, jamais troupes n'eurent moins de cohésion et ne semblèrent moins aptes à faire bien, comme on disait en ce temps-là. La place elle-même n'était nullement en état de défense ; beaucoup de travaux n'existaient que sur le papier ; d'autres étaient inachevés, et cela à la veille d'un des plus terribles bombardements dont l'histoire militaire fasse mention ; la ville n'avait pas un seul magasin qui fût à l'épreuve de la bombe.

Heureusement Rapp était là : Rapp qui venait de recevoir à Mojaïsk sa vingt-deuxième blessure, Rapp qui venait d'être précipité de son cheval en couvrant l'empereur pendant la Retraite Terrible. Il était arrivé de Smorgoni le nez et deux doigts gelés, malade, mais n'ayant rien perdu de son indomptable énergie. Les généraux placés sous ses ordre formaient un état-major tel qu'on n'en vit peut-être jamais dans une place assiégée. Lepin commandait en chef l'artillerie, Campredon le génie, Cavaignac la cavalerie, Dumanoir (contre-amiral) la marine, avec des brigadiers tels que Bachelu, le prince Radziwil, etc., tous gens éprouvés, « ayant chacun vingt campagnes sur le corps », comme Rapp lui-même le dira plus tard. Jamais je n'ai mieux compris ce qu'on dit quelquefois de la défense d'une place investie, que le chef en est l'âme même. Sous un Rapp, sous un Denfert, les troupes les plus médiocres font des merveilles, mais sous un Bazaine, les troupes les plus solides se laissent enfermer et désarmer.

Dans ce cas-ci, des chefs moins hardis, se trouvant à la tête d'une petite troupe d'hommes sans cohésion, démoralisés, ravagés par la maladie et les privations de toutes sortes, n'ayant d'ailleurs aucun secours à espérer, ayant mission de défendre une ville allemande dont la population, tout compte fait, leur était plutôt hostile, des chefs moins hardis auraient sans doute cédé à la tentation de s'enfermer dans l'enceinte bastionnée, qu'ils auraient mis leur ambition à défendre le plus longtemps possible ; l'honneur assurément, eût été sauf ; mais ces gens-là l'entendaient autrement.

Tout en s'occupant à organiser les isolés

13

en régiments provisoires, à rétablir la discipline à laquelle la retraite de Russie avait porté une rude atteinte, Rapp s'attacha à aguerrir ses troupes, dont une bonne partie ne servaient guère que depuis un an, — dans quelles conditions ! — et allaient voir le feu pour la première fois. Au lieu donc de fuir le contact de l'ennemi, il le rechercha, et bien loin de s'enfermer dans les remparts de Dantzig, il occupa tous les villages environnants pour forcer les Russes à étendre démesurément les lignes de leur blocus. Malheureusement, au 1er février, il était mort déjà quatre cents hommes dans les hôpitaux, et les chevaux étaient à la ration réduite. Dans ce même mois de février, il mourut en moyenne cent trente hommes par jour, et le nombre des malades impropres à tout service atteignit le chiffre formidable de quinze mille hommes, presque la moitié de l'effectif. Ces malheureux succombaient à une sorte de typhus contagieux auquel un des médecins de la place (J.-B. Tort)

attribue pour cause principale « les affec-
tions tristes de l'âme ». Cependant, les
troupes du génie et de l'artillerie eurent
moins à souffrir « par les soins assidus
que leur prodiguaient MM. de Campredon
et Lepin, dont les journaux officiels ont
fait connaître les importants services ». Ces
deux généraux, ajoute le major, parvinrent
à diminuer considérablement la mortalité
parmi les troupes qui étaient sous leurs
ordres.

Cependant les Russes comprenant quel
grand intérêt c'était pour eux d'empêcher la défense de s'organiser, à peine
avaient-ils fermé le blocus, faisaient mine
d'attaquer sur toute la ligne. Le 5 mars,
leur attaque se dessina sur un des faubourgs
avancés (Ohra), qu'ils réussirent à enlever.
Aussitôt Bachelu sort à la tête de quatre
mille hommes, tombe sur le flanc des
Russes et leur enlève quatre cents prisonniers et un canon. Lepin, de son côté, les
prend à revers avec vingt-quatre pièces et

leur fait le plus grand mal ; naturellement le faubourg est repris. Cette leçon suffit pour quelque temps ; les Russes se tiennent tranquilles. Ce n'est pas le compte de Rapp. Puisque l'ennemi ne vient pas à nous, nous irons le chercher. Le 25 mars, sortie générale ; on enlève encore deux cent cinquante hommes à l'ennemi et on profite de cette sortie pour augmenter autant qu'on le peut les maigres approvisionnements de la place et se fortifier sur quelques points avancés. Ce mois de mars fut particulièrement pénible à la garnison : l'épidémie ne fit pas moins de quatre mille victimes. Heureusement, la contagion commença à diminuer au moins d'avril ; mais les vivres se faisaient de plus en plus rares. Le 27 avril, mille deux cents hommes d'infanterie d'élite, sous les ordres de Bachelu, qui paraît avoir été le chef d'avant-garde, le meneur des sorties, s'élancent sur les avant-postes russes qu'ils rejettent en désordre sur le gros de leurs forces. Bachelu conduit cette petite expédition avec tant de vigueur et d'intrépidité que les réserves dont on l'avait appuyée demeurent l'arme au pied. Outre qu'elle nous vaut quantité de fourrage et un millier de têtes de bétail pris à l'ennemi, cette sortie achève de relever l'esprit de la garnison et de lui rendre la confiance. Les recrues, ceux que Rapp appelle « des enfants, » et qui le sont en effet, sont désormais des soldats aguerris. La continuité, la communauté du péril ont fait de ces troupes si diverses une grande famille où règne l'union la plus parfaite.

Tels avaient été, en trois mois, les résultats du commandement énergique de Rapp. Je ne sais pourquoi le renom militaire de Rapp n'est pas, semble-t-il, à la hauteur des grandes gloires militaires de l'empire. Il est certain qu'il déploya à Dantzig toutes les qualités d'un grand chef de guerre. Il savait frapper l'imagination du soldat. Il fallait le chercher partout où il y avait du danger, et plus d'une fois, son intrépidité insouciante alla jusqu'à la bravade. C'est ainsi que, le jour de Pâques, il imagine de transformer la parade en une fête militaire hors des murs. Il fait nettoyer la plaine de Langfuhr des avant-postes russes qui l'occupent par quelques escadrons de cavalerie ; puis, à cette même place d'où l'ennemi vient à peine de se retirer, dix-sept mille hommes de troupes françaises viennent se déployer. *Défense est faite de charger les armes* ; si l'ennemi se hasarde à troubler la fête, c'est à la baïonnette qu'il sera repoussé ; mais l'ennemi n'a garde de bouger ; il laisse Rapp passer ses troupes en revue, les faire défiler au pas de parade et rentrer tranquillement dans la ville.

Le mois de mai se passa sans incident sérieux. Dès le 20, la troupe n'a plus que du cheval à manger ; le fourrage manque absolument. Les assiégés, cependant, ont mis à profit le répit que les Russes leur accordent pour achever les travaux de fortification qui font maintenant un ensemble formidable. Il y a toujours huit mille hommes dans les hôpitaux, et au 1er mai la garnison a perdu environ dix mille hommes. A la fin du mois, le trésor est vide. Rapp décrète un emprunt forcé qui lui procure environ deux millions (intégralement remboursés à la paix).

Le 9 juin, le gouverneur ordonne une sortie générale pour refouler les avant-postes russes et ramener, s'il se peut, du fourrage. Le général Lepin fait préparer quarante pièces bien attelées qui sont démasquées en même temps et font dans les rangs ennemis les plus grands ravages. Devant ce feu terrible, inattendu, les Russes lâchent pied, vident leur camp, et leur chef se voit alors forcé de placer une ligne de cosaques derrière les recrues pour les contenir.

Dans le rapport qu'il adressa à l'empereur sur cette affaire du 9, Rapp cite en première ligne le général Lepin, officier si précieux dans toutes les circonstances, qui a dirigé son artillerie ainsi qu'il l'a fait dans toutes

les sorties et a mérité les éloges de nos ennemis. La perte que les Russes avouèront dans
cette journée fut de mille huit cents hommes.

Le 10 juin, on eut la nouvelle qu'un
armistice avait été signé entre les alliés et
Napoléon. Dantzig, comme les autres places
fortes que nous tenions encore, devait être
ravitaillé tous les cinq jours. Mais le duc de
Wurtemberg, commandant les troupes du
blocus, mettait de la mauvaise foi à exécuter
les clauses de l'armistice. Rapp s'en plaint à
l'empereur ; en même temps, il donne de
justes éloges à la bravoure de la garnison,
« dont on peut regarder chaque soldat, dit-
il, comme un *brave distingué* ». Notez qu'il
ne dit pas un héros ; on n'était pas alors un
héros à si bon compte ; mais on conviendra
que si le mot était bien moins commun que
de nos jours, la chose, peut-être, n'était pas
si rare. « Votre Majesté, ajoutait Rapp, trouvera ici une belle artillerie, bien attelée ;
il a fallu bien des soins et des sorties aussi
heureuses que celles que nous avons faites

pour conserver cette cavalerie et cette artillerie dans un si bon état et dans un pareil esprit. » Quel plus bel éloge pouvait-on faire du général Lepin?

Rapp songe ensuite à faire la cour à son empereur. Il s'y prend en homme qui connaît le fort et le faible de son maître. « J'ai ici, dit-il, 386 hommes de la garde impériale qui étaient presque tous gelés; deux cents sont parfaitement rétablis. La majeure partie est de la vieille garde et fournira de beaux pelotons. J'en ai un soin particulier... »

Tout à coup, le 14 juillet, le duc de Wurtemberg interrompt tout à fait le ravitaillement sous un prétexte qui paraît assez futile. Rapp, immédiatement, le prend de haut, et comme s'il n'attendait que cette occasion, il écrit au duc qu'il considère l'armistice comme rompu si le ravitaillement n'est pas repris sur le champ. Wurtemberg essaie de parlementer, de tergiverser; il envoie à Rapp aide de camp sur aide de camp et finit par s'attirer cette fière reponse :

« Dès le commencement, j'ai vu, par les belles phrases de Monsieur le duc, qu'il n'agissait pas avec loyauté. J'ai eu affaire aux Turcs, que vous appelez des barbares, j'ai trouvé chez eux plus de loyauté. Dites au prince que nous sommes ici quinze généraux qui avons chacun vingt campagnes sur le corps et que nous ne sommes pas gens à être traités ainsi. Nous sommes ici et nous serons encore ce que nous avons été à Austerlitz, à Eylau, à Friedland, à Moscou ».

Comme pour confirmer ces paroles énergiques, le 20 juillet, à midi, Rapp fait tirer six coups de canon pour annoncer la reprise des hostilités. Devant cette attitude menaçante, le service du ravitaillement est repris.

Le 2 août, on reçoit des dépêches du quartier général impérial. L'armistice ne pourra être dénoncé avant le 10 août, ni rompu avant le 16. Le général Bachelu est nommé divisionnaire ; Lepin est fait commandeur de la Légion d'honneur. Le 24 août, les hostilités sont reprises. A cette date, où commence la deuxième phase du siège, bien que la garnison eût été singulièrement diminuée par l'épidémie, elle pouvait encore mettre en ligne de douze mille à quinze mille hommes, tous « braves distingués ». La fortification était en très bon état. Nous occupions tous les villages avoisinant la place, et nos communications avec la mer, distante de sept kilomètres, étaient assurées. De leur côté, les Russes avaient remué des masses de terre ; redoutes, épaulements, lunettes s'élevant à une distance moyenne de mille deux cents toises du corps de place ; grâce au voisinage de la mer, ils avaient pu accumuler dans ces fortifications une artillerie formidable ; Rapp, cependant, n'abandonna pas son premier plan de défense active qui lui avait si bien réussi. Il fit occuper les points stratégiques les plus importants, de manière à tenir l'ennemi éloigné des bastions et à rendre le bombardement moins dangereux au début. Dans cette guerre où la pioche jouait un rôle plus important que le fusil, nos sapeurs firent pour garder Dantzig ce qu'ils avaient fait pour le prendre six ans auparavant; suivant le mot de l'empereur, « ils se couvrirent de gloire. »

Le 27 août, l'ennemi dessina son attaque sur le faubourg d'Ohra, d'où Bachelu et Lepin l'avaient chassé au commencement du siège; cette fois encore, il parvient à s'en emparer, et cette fois encore, nous le lui reprenons avant midi. Cependant, les Russes sont laissés maîtres d'une position dont Rapp veut les déloger. Le 29, il lance son artillerie sur le village où l'ennemi se rassemble. Comme toujours, c'est Lepin qui dirige en personne le feu de ses trente-quatre pièces. Les Russes abandonnent la place, mais le soir venu, nos troupes harassées se retirent, et l'ennemi, se présentant de nouveau en force, occupe sans résistance la position dont nous l'avions d'abord chassé. Il s'y installe et s'y fortifie les jours suivants. Dans la nuit du 3 au 4 septembre, il lance huit mille cinq cents projectiles sur la place et il commence des travaux d'approche contre nos postes avancés. Le 7, un de ces postes est abandonné sans ordre et incendié ; l'officier qui le commandait, désespéré, se fait sauter la cervelle.

A l'ouest de la place, les Russes établissent batterie sur batterie ; mais le point d'attaque est mal choisi, du moins c'est l'avis de Lepin. Enfin, le 15 au matin, ses batteries sont démasquées et tirent sans interruption toute la journée ; on estime à vingt mille le nombre des boulets lancés sur la place ; notre perte est de *huit hommes tant tués que blessés*. Jusqu'à la fin du mois, ce bombardement continue sans plus d'effet ; nous y répondons presque toujours heureusement, démontant les pièces de l'ennemi, lui tuant du monde en quantité. Jusqu'au dernier jour, notre artillerie, parfaitement conduite et servie, saura tenir en respect l'artillerie dix fois plus nombreuse de l'attaque. Par malheur, parmi les préposés aux vivres, il ne s'est point trouvé de Lepin.

Dès le commencement de septembre, les boulangers ont fermé boutique. Au 1er octobre, l'effectif est réduit juste de la moitié, dix-neuf mille hommes au lieu de trente-huit mille ! Le 4 octobre, ce sont les bouchers qui ferment boutique à leur tour. Notons que depuis le mois de juillet l'armée est sans solde.

L'ennemi, cependant, ne gagnant rien sur nous, se décide à changer de point d'attaque ; il se porte plus à l'ouest. La canonnade, d'ailleurs, continue sans nous faire plus de mal que par le passé. Cependant, le 1er octobre, un premier incendie considérable est allumé par le feu de l'ennemi, qui profite de cette circonstance pour attaquer et enlever un de nos postes avancés, mais, comme d'habitude, il en est presque immédiatement délogé. Le bombardement continue, de plus en plus violent. Le 20, nouvel incendie ; cette fois le danger est grand ; si le feu gagne, il peut faire sauter deux cents milliers de poudre ! Le général Lepin amène aussitôt un détachement d'ouvriers et de canonniers qui détruisent les clôtures et les maisons voisines et parviennent à isoler à temps le magasin aux poudres. Pour parer aux dangers de ces incendies qui se multiplient à mesure que les batteries ennemies approchent du corps de place, le comité de défense forme une compagnie de pompiers dont le commandement est confié au chef de bataillon du génie Répécaud.

Le 23, la place reçoit dix mille projectiles. Rapp et le général Lepin visitent les fortifications. A la date du 28, le rapport de Lepin cite un fait curieux qui semble confirmer les choses surprenantes qu'on raconte parfois des hasards du combat d'artillerie : « Un coup de boulet atteignit la bouche d'une pièce de douze placée dans la redoute Kirschner. Le boulet se brisa et refoula le métal, mais la pièce, qui était chargée, partit sans que personne y mît le feu, et le boulet, en sortant, rétablit le métal. » Le 1er novembre, nouvel incendie, qui détruit une grande partie des magasins, et nouvelle attaque de l'ennemi, — qui ne réussit pas mieux que d'habitude.

A cette époque, aucun de nos ouvrages n'est encore tombé aux mains de l'ennemi, mais la situation de Rapp est devenue singulièrement critique. Après la bataille de Leipsig, les troupes allemandes qui forment une partie de la garnison refusent tout service extérieur, à l'exception toutefois des Bavarois, « dont la bravoure et le zèle ne pouvaient être surpassés ».

Tout ce qui pouvait servir de nourriture était consommé (on a mangé à Dantzig, en 1813, deux mille neuf cents chiens et chats !) ; il n'y avait plus ni viande salée, ni légumes secs ; la garnison était réduite à douze mille neuf cents hommes valides, étrangers en grande partie. Rapp ne songe pas à se rendre, mais il envoie son aide de camp à l'empereur par la voie maritime. Le 6, le duc de Wurtemberg envoie un parlementaire à Rapp pour lui faire part des nouvelles qu'il a reçues. Comme toujours en pareil cas, ces nouvelles sont mauvaises ; depuis long-temps le gouverneur de Dantzig avait perdu tout espoir d'être secouru ; mais à la proposition que le prince lui fait de capituler, Rapp répond par un refus très net. Et en effet, la défense continue si énergique que l'ennemi n'ose déboucher de sa parallèle. Le 10, nouvelle lettre du prince, plus pressante et menaçante encore que la première. Si le gouverneur refuse de capituler sur le champ, on n'entrera plus « dans aucun arrangement avec lui ». Rapp répond : « La reddition de la place qui m'est confiée, Monseigneur, est tellement éloignée qu'il n'est pas temps de la négocier. A l'époque convenable seulement, mes parlementaires se présenteront. Votre Altesse prévient qu'elle n'en recevra plus qu'avec le drapeau blanc ; *je la prie d'observer que ma garnison ne consentira jamais à des humiliations, et qu'à la dernière extrémité il lui restera plus d'un moyen de négociations assez déterminant peut-être pour que V. A. veuille bien les admettre.* » Le 17, nos batteries tirent encore trois mille quatre cents coups. C'est miracle que Lepin ait su maintenir son artillerie à ce point ! Enfin, le 21, le comité de défense entendu, Rapp prend le parti d'abandonner les faubourgs et de s'enfermer dans le corps de place.

Ainsi, après sept mois de blocus et trois mois de siège régulier, après un bombardement si long et si violent, après tant d'incendies, tant d'attaques meurtrières et pourtant inutiles, l'ennemi en est juste au point où nous étions nous-mêmes au début du siège de 1807 ! Et pour garder cette place immense, la garnison est réduite à six mille Français, les vivres manquent absolument ! Tout espoir d'être débloqué ou secouru s'est évanoui depuis longtemps ; il faut entrer en pourparlers.

Le conseil de défense se réunit une dernière fois. Rapp prend la parole ; en quelques mots il explique la situation ; elle n'est plus tenable. Seules « l'artillerie et la fortification sont en général en bon état, les deux armes n'ayant rien négligé de ce que les moyens mis à leur disposition ont permis. » Il termine en proposant de conclure « un traité de reddition conditionnelle qui laisse à la garnison la faculté de laisser la place à Sa Majesté jusqu'à l'entière consommation des vivres, et qui n'aurait son exécution qu'autant qu'elle ne serait ni secourue ni ravitaillée ou que Sa Majesté n'en aurait disposé autrement...»

Ainsi, on « sera à l'abri de toutes les chances défavorables qui seront à craindre !» C'est une chose assez étrange que des assiégés réduits à toute extrémité fassent eux-mêmes les conditions de leur reddition ; mais ce qui n'est pas moins singulier, c'est que ces conditions furent acceptées par les assiégeants. Et le traité est signé sur cette base : La place sera rendue le 1er janvier si elle n'est pas secourue ou débloquée. « Eu égard à la vigoureuse défense et à la conduite distinguée de cette garnison », elle ne sera désarmée qu'en partie ; elle sera reconduite en France, à la condition de ne pas servir jusqu'à parfait échange. La capitulation était signée : pour en garantir l'exécution, un certain nombre de forts avaient déjà été livrés aux Russes lorsque, le 24 de ce même mois de décembre, Rapp reçut la nouvelle que le tsar refusait de ratifier la clause relative à la rentrée en France de la garnison ; celle-ci serait envoyée en Russie comme prisonnière de guerre. Rapp protesta sur le champ avec indignation : Je laisse, dit-il, à l'Europe, à l'histoire et à la postérité à juger une aussi étrange infraction aux traités contre laquelle je proteste formellement. L'empereur Napoléon et la France sont assez puissants pour nous venger tôt ou tard ! »

Mais quoi ! La position est sans issue ! Déjà les troupes étrangères ont quitté la ville. Sans doute, le duc de Wurtemberg propose bien d'annuler la capitulation et de remettre les choses en état, mais c'est là comme une dernière ironie ! on essaie cependant d'obtenir des conditions plus douces ; on délibère ! Refaire comme prisonniers la campagne de 1812, en décembre, quelle perspective pour des soldats qui viennent de soutenir un siège si long ! Mais l'ennemi sait maintenant qu'il n'a devant lui qu'une poignée d'hommes à demi-morts de faim ; il faut céder. Mais répétons-le encore, le but de Rapp est atteint : la place ne sera remise au duc qu'avec la dernière bouchée de pain. La nouvelle convention fut signée le 27 décembre. Le 7 janvier, l'évacuation commença. Depuis le 15 janvier de l'année précédente, la garnison avait perdu plus de la moitié de son effectif (dix-neuf mille trois cent quatre-vingt-douze hommes), elle était réduite à six mille quatre cents Français et mille trois cents Napolitains (sous les ordres du général Pepe), sur lesquels mille cinq cents malades restèrent à Dantzig ; seuls les Français furent envoyés en Russie. Partis le 7 janvier, ces hommes, exténués par les fatigues et les privations d'un siège si pénible, furent dirigés sur Kieff par étapes, au cœur de l'hiver. Ils y arrivèrent le 13 mars et y séjournèrent jusqu'au 24 juin, date à laquelle arriva la nouvelle de l'abdication de l'empereur. Lepin et Bachelu avaient accompagné leurs troupes à Kieff; ils ne rentrèrent en France qu'avec elles. Telle fut la destinée de cette poignée de Français qui défendirent avec tant d'opiniâtreté contre les Russes une ville allemande qu'ils n'avaient aucun espoir de conserver à la France, mais que l'empereur leur avait dit de garder jusqu'à leur dernière bouchée de pain.

*
* *

Je n'avais guère que sept ou huit ans lorsque j'entendis parler pour la première fois du général Lepin. Il tenait un rôle dans une anecdote que mon père, neveu du général, aimait à nous conter et qui se dit peut-être encore à Salins. Peu de temps après la formation du corps des pompiers de cette ville, le général Lepin les passa en revue. La cérémomie faite, s'il en faut encore croire la légende, le capitaine se serait tourné vers ses hommes et leur aurait dit en son patois : « *Pompies ! suité-me, l'général Lepin vous ot vus et l'ot dit qu'vous eties bin !* » Sur quoi la troupe rompit les rangs et s'en alla boire au cabaret prochain. Je ne saurais dire pourquoi ces quelques mots de patois, jetés en guise de commandement militaire à la fin d'une parade, avaient le don de nous faire rire aux éclats. Toujours est-il qu'un peu plus tard, j'en vins à voir dans le baron Lepin un général d'opéra-comique qui s'amusait à jouer aux soldats avec les pompiers de Salins. C'était tout juste le contraire. Brave jusqu'à la témérité, jusqu'à rechercher le danger quand, peut-être, c'eût été son devoir de l'éviter ; ne se contentant pas de donner des ordres, mais en surveillant l'exécution jusque dans les moindres détails, très soucieux de la santé, du bien-être de ses hommes, le baron Lepin fut certainement

un des généraux distingués de l'empire, —
et à mon sens c'est tout dire.

En effet, si haut que nous mettions ces
hommes du premier empire, nous ne les
estimons plus, nous ne pouvons plus les esti-
mer à leur juste valeur.

Au train dont vont les choses, ils seront
bientôt aussi loin de nous que les héros
d'Homère, et c'est à peine si nous les com-
prenons encore. Il faut avoir vécu hors de
France, il faut avoir longtemps couru les
chemins d'Europe, il faut avoir fait par
soi-même, pour ainsi dire, la revue de tant
de batailles gagnées, de tant de villes prises,
de tant de pays conquis, pour juger de
l'immense effort, qui mit pour un temps
entre nos mains, de Madrid à Moscou,
presque toutes les capitales de l'Europe ;
seulement alors, on commence à saisir ce
qu'il y a eu de prodigieux dans l'épopée
impériale. Dans quelques années, quand il
paraîtra impossible de se passer du chemin de
fer pour un parcours de 100 kilomètres, la

marche d'une armée française sur Moscou, la prise de cette ville, la retraite, moins désastreuse peut-être qu'on ne l'a dit, mais cependant terrible, au cœur de la plus rigoureuse des saisons, paraîtront de ces faits, — il y en a tant d'autres! — que l'histoire enregistre sans les expliquer. Aujourd'hui déjà, quand on suit en chemin de fer cette route de la Grande-Armée, qui fut semée de tant de cadavres des nôtres, on a peine à en croire ses yeux; l'esprit se trouble; on arrive à se convaincre que ces hommes étaient d'une autre trempe que nous, qu'ils étaient capables d'efforts auxquels nous n'arriverons plus jamais, et qu'aucun ressort n'a jamais bandé l'énergie humaine aussi violemment que celui qui les faisait agir. Et on se sent pris d'une sorte d'effroi à considérer ces deux plus grandes choses qui soient en ce monde : le génie d'un homme, la force d'une idée.

LETTRES INÉDITES

DE

J.-J. ROUSSEAU

ET

D'ALEMBERT

Les deux lettres de J.-J. Rousseau qu'on va lire n'ont pas été publiées en France jusqu'à ce jour. Je dois la communication des originaux à M. Sigismond Wolski, bibliothécaire du comte Krasinski, dans les archives duquel elles viennent d'être découvertes, avec d'autres lettres moins importantes.

On sait assez généralement comment la Pologne, ou plutôt la confédération de Bar, eut l'idée de demander une constitution à J.-J. Rousseau ; celui-ci la lui donna. Et ce ne serait pas certainement le chapitre le moins curieux de notre histoire littéraire que celui où l'on retracerait les conséquences des théories de Jean-Jacques non plus seulement en France, mais en Pologne, et ce qui a passé de ses idées non plus seulement dans la « Déclaration des droits de l'homme et du citoyen », mais encore dans la célèbre « Constitution du 3 mai ».

On constaterait à cette occasion, non sans étonnement sans doute, que Jean-Jacques, le Jean-Jacques du *Contrat social* et du *Discours sur l'inégalité*, a singulièrement tempéré et comme amorti ses idées lorsqu'il s'est agi de les faire passer de la théorie à la pratique.

Oui, cet écrivain si hardi, qui n'a jamais reculé devant une idée, si audacieuse qu'elle fût, est le même Rousseau qui, sur la fin, écrit avec une modération inconnue de ceux qui ont prétendu s'inspirer de ses théories : « Je ne dis pas qu'il faille laisser les choses dans l'état où elles sont ; mais je dis qu'il n'y faut toucher qu'avec une circonspection extrême. »

Je reviens à ces lettres inédites. Elles furent donc écrites à l'occasion de ces « Considérations sur le gouvernement de Pologne » (Londres, 1782, in-8°). Ces « Considérations », l'impératrice Catherine les avait sur son bureau lorsqu'elle reçut la nouvelle des événements de Varsovie ; elle les lisait avec attention ; elle en faisait même des extraits (L'impératrice Catherine à Grimm : 12 mai 1791).

Quoi qu'il en soit, Rousseau avait appris, par l'intermédiaire du libraire Guy, que son « écrit sur le gouvernement de Pologne était entre les mains de M. d'Alembert ». Or cet écrit avait été rédigé sur les instances du comte Wielhorski, ambassadeur de la confédération de Bar en France. Jean-Jacques, en proie à la manie dont il souffrait tant dans ses dernières années, vit là-dessous je ne sais quelle ténébreuse machination. Il écrivit au comte les deux lettres qu'on va lire, et qui sont bien de l'homme « qui croyait que toute l'Europe s'occupait à imaginer des persécutions contre lui » (L'impératrice Catherine à Grimm).

Les lettres de Rousseau sont suivies d'une lettre de d'Alembert sur le même objet, et de la réponse du comte Wielhorski. Toutes ces lettres sont en original, sauf la dernière, dont je n'ai vu que la copie : elles sont entièrement de sa main ; je les reproduis avec leur orthographe et leur ponctuation.

Ces lettres n'ajouteront rien à ce qui nous est connu du caractère de Rousseau. Je note seulement qu'elles sont de 1774 ; or la correspondance de Rousseau présente une lacune de 1772 à 1775. « Je n'entretiens plus de correspondance, écrivait-il à M. d'Harcourt le 16 juin 1772 ; je n'écris plus que pour l'absolue nécessité. »

Varsovie, mai 1898.

I

A Paris, le 20 avril 1774.

Depuis longtemps, Monsieur le Comte, j'apperçois en vous un tel changement à mon égard, et je ne sais quoi de si peu naturel, que pour conserver toute l'estime que vous m'avez inspirée je suis forcé de soupçonner ici quelque mistère dont vous me devez l'éclaircissement.

Lorsque vous me recherchâtes avec tant d'empressement je n'ignorois pas dès lors vos liaisons avec des gens qui ne cachent si soigneusement la haine qu'ils me portent qu'afin de la mieux assouvir. Cependant vous employates des motifs si puissans sur mon cœur et vous m'inspirates tant de confiance qu'entrant dans vos vues, j'oubliai mon découragement, mon epuisement, le sentiment de mon incapacité actuelle, et suppléant à tout à force de zèle, je vous offris avec un cœur qui eut dû m'ouvrir le votre, le tribut de mes idées sur l'objet qui vous occupoit ; idées dans lesquelles j'avois et je vous montrai peu de confiance, mais j'en avois une grande et bien fondée dans la droiture des sentimens qui me les avoient suggérées. C'étoit le travail de six mois dans un tems dont ma situation me rendoit un autre emploi nécessaire. Je n'en fis point valoir le sacrifice, et la simplicité de ma conduite devoit m'attirer votre estime quand aucune de mes idées n'eut mérité votre attention. Cependant depuis lors j'ai vu dans vos manières un tel changement qu'à moins d'être aveugle et insensible il m'étoit impossible de ne pas l'appercevoir et de n'en pas être affligé. Je vous savois obsédé par mes ennemis ; je les connoissois par leurs œuvres. et je ne pouvois douter qu'instruits de vos desirs et de ma déférence, ils ne travaillassent à empoisonner tous les fruits de mon zèle. Pour éluder l'effet de leurs mauvais desseins je vous demandai le secret que vous ne m'avez point gardé ; ceux qui se disoient mes amis et à qui je n'avois pas communiqué mon travail, ne m'ont point pardonné cette réserve. Me reposant néanmoins dans la pureté de mes intentions et dans vos lumières, je craignois peu leurs manoeuvres, et pensois du moins qu'elles ne parviendroient pas à vous abuser sur mon compte, en ce que vous aviez éprouvé et vu par vous même. J'ai lieu de croire que je me suis trompé, et que préoccupé d'opinions que vous n'eussiez jamais dû adopter, vous me voyez uniquement par les yeux d'autrui et non plus par les vôtres.

Tout cela me seroit peu difficile à expliquer si l'opinion que j'eus toujours de votre droiture et de vos vertus me permettoit d'admettre une supposition qui vous fut injurieuse ; mais, Monsieur, j'aime mieux vous supposer abusé, que de vous croire un moment injuste. Si vous aviez adopté la maxime de mes persecuteurs de cacher soigneusement à l'accusé qu'on juge et qu'on diffame l'accusation, l'accusateur et ses preuves, je n'aurois aucun éclaircissement à espérer de vous. Mais comment supposer que Monsieur le Comte Wielhorski admette une maxime que je m'abstiens ici de qualifier, mais qu'on sent être aussi favorable aux imposteurs et dont ils font à mon égard un si cruel usage ? Ce n'est pas à lui qu'il faut apprendre qu'en fait de délit de toute espèce il n'y a point d'évidence sans conviction, et quel homme sensé ne voit pas que par la methode qu'on suit à mon égard, rien n'est plus aisé à des gens ligués en secret pour cet effet, que de prouver d'un homme tout ce qu'il leur plaît ? Non,

Monsieur, j'aime mieux me livrer à l'idée qui m'est venue que vous avez cherché vous-même l'explication que je desire et que je vous demande ; idée qui m'explique votre conduite à mon égard, laquelle sans cela me paroit incomprehensible.

Je tire cette idée d'un billet que vous m'avez écrit ci-devant en ces termes. *Le comte de Wielhorski ne voulant rien devoir à M. Rousseau que son estime et son amitié lui envoye trente sols qu'il lui redoit* [1]. Assurément, Monsieur, dans le travail que j'ai fait pour vous obeir je n'ai jamais ni prétendu, ni pensé que vous eussiez contracté une dette envers moi, mais peut être avec les sentiments que j'ai cru vous connoître ne deviez-vous pas tout-à-fait penser de même, et un billet si singulier ne sauroit avoir été écrit sans dessein. Je ne vous dissimulerai pas que ce billet n'excita d'abord en moi qu'un mouvement d'indignation et

1. Souligné dans l'*Original*.

que ma fierté ne me permit pas d'y repondre. Depuis lors j'y ai souvent repensé avec une nouvelle surprise.

Enfin depuis le dernier manifeste de la Confederation que vous m'avez envoyé si tard et avec tant de précaution, cherchant à m'expliquer et m'excuser vos procédés il m'est venu des soupçons qui m'ont engage à la démarche franche et digne de moi que je fais aujourd'hui. J'ai réflechi sur les visites aussi frivoles qu'affectées que depuis l'ecrit que je vous remis j'ai souvent reçues de plusieurs personnes d'une nation dont je ne pense pas mieux que vous, qui surement m'aime encore moins que je ne l'estime, et qui ne laisse pas de me proposer un azile avec assez d'empressement. Ces visites faites souvent avec une sorte d'ostentation n'auroient-elles point quelque motif insidieux qui dans la simplicité de mon coeur m'eut échappé jusqu'ici? J'ai appris par la plus terrible expérience ce que savent faire deux hommes de ma connoissance qui ont un grand crédit chez cette nation. Ces deux hommes viennent d'y faire un voyage [1]. Ils ont fait en route des pauses qui n'étoient pas sans motifs [2], et bien d'autres gens dont vous ne vous doutez pas concourent à leurs manoeuvres.

Tout cela n'auroit-il point quelque rapport à vos dispositions à mon égard? S'il est vrai que vous aimez l'équité, veuillez, Monsieur, me mettre à portée de m'expliquer avec vous, et vous sentirez bientôt, j'en ai la juste confiance, que le J.-J. qui vous écrit qui vous honore et qui n'a jamais cessé d'être tendrement et sincèrement attaché à votre estimable et infortunée nation, ne ressemble guère à celui qu'on vous a peint sous son nom. Et plût-à-Dieu que ces recherches nous menassent plus loin et vous donnassent enfin une idée plus juste et

1. Le baron Grimm et Diderot qui revenaient de Saint-Pétersbourg.

2. Grimm, en revenant, s'était arrêté à Varsovie et avait été reçu par le roi Stanislas-Auguste.

plus vraie et de moi-même et des trames dont je suis la victime. Mais tenons-nous en, quant à présent, à ce qui nous regarde et qu'il vous est plus aisé d'approfondir. Bien instruit de ce qu'on a su faire à cet égard, vous pourrez présumer plus aisément ce qu'on a pu faire à d'autres.

Si vous vous prêtez à l'éclaircissement que je désire, il faut, Monsieur le Comte, que vous me gardiez le plus profond secret sur cette lettre, que sans vous presser vous ménagiez vos entrevues de manière à ne donner aucun ombrage à mes vigilants persécuteurs, et qu'aucun tiers, pas même aucun domestique n'y soit employé d'aucune manière, quelque confiance que vous puissiez avoir en lui.

Si, suivant leurs injustes maximes vous vous refusez aux seuls vrais moyens de constater la vérité et de démasquer les fourbes ; alors je me retire et remets entièrement ma cause à la providence, sans exiger de vous ni réserve ni secret. Mais, je vous prédis, Monsieur le Comte, que si vous me survivez, comme je l'espère, cette lettre méprisée vous causera quelque jour des regrets.

J.-J. ROUSSEAU.

Je vous conjure de bien reflechir à cette lettre, et quelque usage que vous en fassiez, d'écrire au bas le parti qu'elle vous aura fait prendre, afin que si elle existe après nous, une génération moins prévenue puisse juger entre vous et moi.

Comme je ne veux, Monsieur le Comte, vous remettre cette lettre qu'en main propre, je vais la fermer et la tenir dans ma poche pour en attendre l'occasion qui peut être ne viendra de longtems.

II

A Paris le p-r juillet 1774.

Vous verrez, Monsieur le Comte, dans la lettre ci-jointe que j'attendois toujours l'occasion de vous remettre en main propre[1], ce que dans la droiture de mon cœur je pensois encore de vous quand elle fut écrite. Vous comprendrez sans peine par ce que j'ai maintenant à vous dire, ce que j'en puis penser aujourd'hui. Vous recevrez cette lettre ouverte, parce qu'avant de vous l'envoyer j'ai cru devoir en prendre une copie.

Le libraire Guy est venu hier me demander s'il étoit vrai que je fusse l'auteur d'un écrit sur le gouvernement de Pologne qui est entre les mains de M. d'Alembert; écrit qu'on m'attribue et qu'on lui propose d'imprimer. Il me montra le commencement et la fin de cet écrit, et j'y reconnus avec la plus incroyable surprise celui qu'avec tant d'instances et au nom de l'humanité de la justice et de la vertu vous m'arrachâtes il y a quelques années.

Voici fidellement ce que je lui répondis. *Vous devez croire qu'un honnête homme,*

1. Voir la lettre précédente.

digne de toute mon estime, auroit pu seul obtenir de moi un pareil écrit, et qu'un tel homme ne l'auroit pas laissé sortir de ses mains pour passer dans celles de M. d'Alembert, et de la sous la presse [1].

Quoique je ne me sois jamais bien trouvé de l'usage d'informer directement les personnes à qui j'ai à faire de ce que j'apprends d'elles et de ma conduite à leur égard, vous voyez que je ne m'en dépars pas.

Adieu, Monsieur le comte Wielhorski, je ne me souviendrai jamais de vous sans me sentir content de moi : je souhaite de tout mon cœur que vous puissiez dire la même chose.

J.-J. ROUSSEAU.

---

1. Souligné dans l'original.

III

Lettre de d'Alembert au comte de Wielhorski.

On m'assure, Monsieur, que vous avez une lettre de M. Rousseau, dans laquelle il prétend que le sieur Guy, libraire à Paris, lui a dit qu'il tenait de moi je ne sais quel manuscrit sur la Pologne. N'y aurait-il point d'indiscrétion à vous prier de me donner quelques éclaircissements sur cette lettre ? Il m'importe de les avoir pour convaincre et confondre le sieur Guy qui avance la plus insigne fausseté.

J'ai l'honneur d'être avec respect,

Monsieur,

Votre très humble et très obéissant serviteur,

D'Alembert.

Ce lundi 4 juillet.

Rue Saint-Dominique, vis-à-vis...

IV

*Copie de la réponse à M. d'Alembert
en date du 4 juillet.*

Il est certain, Monsieur, que le sieur Guy libraire vint chez M. Rousseau le 30 du mois passé pour lui demander s'il étoit vrai qu'il fût l'auteur d'un écrit sur le gouvernement de Pologne : il n'a point dit qu'il le tenoit de vous, Monsieur, mais que vous l'aviés entre les mains. Si cela est, comme ce bien m'appartient, et qu'il ne m'a été dérobé que par fraude, je connois trop votre façon de penser pour croire que vous vouliés jamais en disposer sans mon agrément. Je suis sûr que la copie de mon manuscrit existe, puisque le sieur Guy en a montré le commencement et la fin à M. Rousseau. J'augure de votre lettre que ceci est un pur ouvrage du sieur Guy, qu'il a voulu étayer de votre nom et de votre réputation. Je vous prie, dans l'explication que vous aurés avec le sieur Guy, de découvrir quelle est la personne qui lui a communiqué cet écrit. Vous me feriés le plus grand plaisir, et vous augmenteriés par là, si cela étoit possible, la plus haute estime et la plus parfaite considération avec laquelle j'ai l'honneur d'être, etc.

CHARLES TOUBIN

<hr>

I

Les bibliographes, gens avisés, ont inventé le mot « polygraphe » pour désigner les auteurs difficiles à classer par le nombre et la variété des sujets auxquels ils ont touché. Je me vois forcé de leur emprunter ce terme pour en faire application à M. Ch. Toubin. Romancier et conteur jurassien d'un rare talent, poète à ses heures, plus tard archéologue et historien, il s'est révélé, dans ces dernières années, érudit, solide et pénétrant. S'il nous est surtout cher au premier titre, si c'est à ses premiers ouvrages qu'il doit sa célébrité de clocher et de province, c'est aux derniers qu'il devra la notoriété réservée tôt ou tard, ici ou en pays étranger, aux œuvres d'érudition de premier ordre.

Voyons d'abord le conteur et le poète : aussi bien, c'est assurément le personnage le mieux connu de nos lecteurs. Son début remonte à 1856. Début modeste, s'il en faut croire l'auteur lui-même, puisque les *Scarabées ou Récits des champs* (Arbois, Javel, 1856), ne furent tirés qu'à cinquante exemplaires. Me trompé-je ? j'imagine que M. Toubin tient fort à ce premier volume, malgré l'humilité de sa « vesture ». On imprimait alors assez mal en province, et le papier des *Scarabées* n'est pas fort magnifique. Mais ce modeste écrin contient quelques petits bijoux ciselés avec amour et tout scintillants de jeunesse, de fine observation, de bonne humeur et de gaieté. Dans ce temps-là, les bêtes parlaient (*n'ha pas trois jours*, dit ce bon raillard de Rabelais), non toutes bêtes, mais les plus mignonnes et les mieux parées de toutes, les insectes et les bêtes de l'herbe. M. Toubin, j'imagine, était alors à l'âge heureux où l'on entend à merveille le langage des moindres bestioles ; mieux encore, il a su les observer, et s'il entreprend de nous conter par le menu l' « Histoire et fin lamentable de Sérénias le vaillant » ou l' « Histoire de Giles le Scarabée et de Fleur d'Aubépine », soyez sûrs, qu'il ne prêtera pas au hanneton (c'est Sérénias) les mœurs guerrières du carabe, ni au grillon celle de la coccinelle. Tout au plus prêtera-t-il à ses petits héros le langage que lui inspire une imagination très fraîche et que le moindre des spectacles de la nature suffit encore à exciter. Il saura s'apitoyer sur les douleurs de ses héros minuscules ; il nous dira leurs joies d'une demi-seconde ; il éveillera notre sympathie pour ces infiniment petits. J'espère qu'on me saura gré de faire connaître ici, par ce fragment, la toute prime manière de M. Toubin ; c'est le début du « Voyage pittoresque d'un carabe doré raconté par lui-même. »

« Comment Jean Carabe quitta le champ paternel et rencontra un escargot. »

« Le besoin de voyager me tourmentait depuis longtemps. J'avais soif d'aventures ; je voulais voir et connaître. Je quittai le carré de sainfoin qu'habite ma tribu, par une belle matinée du commencement de mai. Quelques-uns de mes amis me firent la conduite jusqu'au bout du champ de sainfoin… Rien de bien curieux ne s'offrit à moi les premiers jours.

« Je trouvai un champ de jeune blé et un autre de navette. Le champ de blé touchait au carré de sainfoin : j'y avais déjà fait plusieurs excursions. Quant à celui de navette, c'était pour moi un pays tout nouveau : je le parcourus avec intérêt. La navette est un grand végétal double en hauteur du sainfoin. Sa fleur, d'un beau jaune tendre, à quatre pétales en croix finement découpées, répand une odeur agréable, quoique bien forte.

« Rien de plus riant à l'œil que ces jolies

petites étoiles coquettes et fraîches qui s'épanouissent au premier printemps. Je cheminai deux jours sous ces agréables ombrages. Le pays était giboyeux : ce n'était que mouches, moucherons, pucerons, fourmis : on ne voyait que piétiner, trottiner, voleter. De ma vie, je n'ai fait de meilleurs repas. De bêtes scarabéivores, pas une : ni salamandres, ni vipères. Déjà, je ne croyais plus à tous ces monstres dont mes amis avaient cherché à m'épouvanter.

« Comme je me reposais un instant dans une clairière produite par une poussée de taupe, j'aperçus un objet des plus singuliers. C'était une sorte de cône jaune-gris bizarrement contourné en spirale. Je ne sais quelle fantaisie me prit de grimper dessus, ce que je fis avec assez de peine, car la pente était rapide non moins que glissante. A peine venais-je d'atteindre le dernier tour de spire, grand Dieu ! le cône s'agite sous moi : je me sens soulevé, emporté en avant. Je perds l'équilibre, me voilà par terre. J'eus peur, je l'avoue, mais ma peur fit bientôt place à la surprise. Devant moi, gisait une longue masse de chair grisâtre sans forme ni contour ; le cône, d'où je venais si lestement d'être jeté à bas, y était superposé. Est-ce un animal? On lui verrait des pattes, une tête, des organes. Mais le voilà qui remue ; à force de regarder, je finis par découvrir une sorte de tête, tête abêtie, sans traits arrêtés, informe, surmontée de quatre tentacules pareils à ceux du limaçon. Les deux de devant sont doubles en longueur des autres et portent à leurs extrémités de petits yeux gris. »

Et Jean Carabe entame la conversation avec l'Escargot. Puis il continue sa route et arrive à une prairie :

« De suaves senteurs embaument l'air. Des milliers d'insectes volent à la miellée à grand tire-d'ailes. Ils se sont éveillés aux premières blancheurs du matin et ils semblent, tant ils vont vite, se reprocher du temps perdu. Bientôt, chaque fleur a le sien : ils volent de l'une à l'autre et font mille chassés-croisés. Une fois rassasiés de pollen savoureux, l'abeille en remplit ses corbeilles profondes, puis butine diligemment le suc résineux qui lui servira à boucher les fentes de ses cellules. A côté d'elle, le papillon déroule la longue spirale de sa trompe, qu'il plonge avec délices au sein frémissant des fleurs. Le reste du monde lui est indifférent : à chaque gorgée, il agite de plaisir ses ailes : c'est le seul mouvement qu'il fasse. La tige oscille doucement sous lui et lui fait une charmante balançoire. Heureux, ô bienheureux insectes ? Pour coupes des festins, de délicieuses corolles ; pour ambroisie, leur miel ; pour nectar, la pure et fraîche rosée. Tout en savourant ces mets divins, ils s'enivrent encore de parfums ; las du miel d'une plante, ils n'ont qu'à se laisser glisser dans l'air vers le miel de la plante voisine. Leurs ailes luttent d'éclat avec les pétales brillants et ne font avec eux qu'une seule fleur plus riche et plus variée. Sur la marguerite, blanche comme neige, c'est le paon de jour aux ailes de satin brun splendidement ocellées ; le Vulcain bariolé se dessine, comme une charmante broderie, sur le fonds d'or de la renoncule. La grappe rose du sainfoin se réjouit du beau Machaon jaune à queue de fenouil tacheté de bleu et de rouge. Plus impétueux, plus ardent, le bourdon brun et velu se rue avec fureur aux corolles et y entre de tout son corps... »

Mais laissons Jean Carabe continuer sa route et soyons sans inquiétude à son endroit : il aura des aventures comme tout héros qui se respecte, et ces aventures seront, en tout petit, ce que sont les nôtres ; mais il reviendra sain et sauf au gîte où l'attend Fleur d'Aubépine ; ce n'est pas toujours ce qui nous arrive, à nous autres gros insectes.

II

Un an avant la publication des *Scarabées*, la *Revue des Deux-Mondes* avait publié *La ferme de Champ l'Épine* (15 mai 1855).

En 1858, les *Contrebandiers du Noirmont* paraissent dans le même recueil, qui donna encore, en 1861, le *Paysan d'Alaise*. M. Toubin ajouta à ces trois nouvelles *Mariette* et le *Vigneron Jean-Denis*, et les publia en un volume entièrement épuisé aujourd'hui. (Salins, Billet, 1869.)

Je ne dirai rien de ces nouvelles. La plupart de mes lecteurs en ont apprécié la simplicité ; ils ont goûté le charme de ces peintures rustiques, la fraîcheur de ce style : là encore on retrouve la qualité maîtresse de M. Toubin, la parfaite simplicité et, si j'ose dire, l'appropriation de l'expression.

Un an auparavant, un autre conteur salinois, à la touche plus rude, à la couleur plus crue, et que je ne puis m'empêcher de trouver parfois un peu exagérée et criarde, mais peintre très fidèle aussi, avait fait paraître dans la même revue (1854), le *Gouffre Gourmand*, puis cet autre récit si plein de saveur, si particulièrement salinois, le *Matachin*, le meilleur à mon sens de l'œuvre de Buchon.

Il y a aussi, ai-je dit, un poète en M. Charles Toubin, mais un poète discret, qui semble tenir à n'être connu que d'un petit nombre de lecteurs. Les pièces du *Chansonnier Salinois* (Salins, Bouvier), « qui ne sont pas signées, » c'est-à-dire celles qui sont de M. Ch. Toubin, tenues volontairement dans la note populaire, sont certainement parmi les plus jolies du recueil.

Le volume se clôt sur les stances aux « Enfants de Salins » morts pour la patrie, qui donnent une belle note patriotique.

Mais ce serait très mal connaître le talent de M. Charles Toubin que de le juger sur ces pièces seulement. En 1887, il a publié (Mâcon, Protat frères) : *La Fête des Myrtes*, drame semi-lyrique en trois actes. L'action s'ouvre par le chœur des marchands ; je ne résiste pas au plaisir de le citer dans son entier :

« La scène représente l'Agora ou marché d'Athènes. »

CHŒUR DES MARCHANDS

Nous sommes les marchands d'Athènes ;
Chaque matin, à l'Agora,
Nous vendons, à mesures pleines,
Les glands doux venus de l'OEta,
L'huile de nos coteaux attiques,
Le lait durci du Cythéron,
Le blé des champs asiatiques,
Le sel d'Egine et de Coron.

CHŒUR DES MARCHANDES

Et nous, les marchandes d'Athènes,
Également à l'Agora,
Nous vendons figues de Trézènes,
Roses, jasmin et réséda,
Le miel parfumé de l'Hymette,
Les raisins dorés de Lemnos,
Et les dictames de la Crète,
Et les couronnes de Paphos.

CHŒUR DES MARCHANDS

Lin, chanvre, voiles et cordages,
Tout ce qui sert pour les vaisseaux ;
Poissons, corail et coquillages,
Tout ce qui sort du sein des eaux ;

Les beaux fruits des vertes vallées,
Les blanches toisons de Samos
Et les outres toutes gonflées
Des vins de Chypre et de Thasos.

CHŒUR DES MARCHANDES

Écrins de fines ciselures,
Bracelets d'or, agrafes d'or,
Tout ce qui sert pour la parure
Et nous rend plus belles encor ;
Voiles brodés, riches dentelles,
Myrrhe et benjoin et nard exquis,
Parfums dignes des Immortelles
Et de tes temples, ô Cypris.

On ne niera pas que ces vers soient d'un poète auquel la Grèce est certainement très familière, et je ne saurais mieux les louer qu'en disant qu'ils rappellent, par leur alerte bonne humeur, par la douceur facile de leur harmonie, tel chœur de la Paix ou des Chevaliers d'Aristophane.

Je ne puis m'empêcher d'en faire le curieux rapprochement : vingt-cinq ans avant de publier la *Fête des Myrtes*, M. Ch.

Toubin débutait au théâtre de Salins par une pièce intitulée *Salins en 1850*, qui eut quatre représentations en douze jours ; le prologue seul en a été conservé ; il se trouve dans le *Chansonnier salinois*, pages 30 et 31.

III

Ce n'est qu'en tremblant que je m'aventure sur le terrain archéologique, où M. Ch. Toubin se sent si *à l'aise* ; terrain mouvant, terrain plein de fondrières. Je n'ai d'ailleurs point de honte à l'avouer : je ne suis pas grand clerc en la matière.

Je doute que beaucoup de mes lecteurs se souviennent d'une querelle qui émut vivement, il y a plus de trente ans, tout le monde historique et archéologique. Il s'agissait de fixer l'emplacement d'Alésia, où on sait assez que Vercingétorix tenta, par un dernier et malheureux mais héroïque effort, de s'opposer à la conquête définitive de la Gaule par César. La question avait sommeillé durant tout le moyen âge, qui en avait en vérité bien d'autres à résoudre. Plus tard, quelques écrivains spéciaux, comme l'honnête chevalier de Folard, dans son énorme commentaire sur Polybe, avaient bien mesuré pouce à pouce la largeur du fossé creusé par César, ils en avaient fait de fort belles figures, mais de savoir où avait bien pu être cette Alésia (Folard dit Alexia) qu'ils décrivaient par le menu, ils ne s'en inquiétaient guère.

Quoi qu'il en soit, et sans que je voie bien sur quels titres Alise Sainte-Reine ou Alise en Auxois passait depuis un temps immémorial pour être l'Alésia de César ; ce fut, je crois, M. Delacroix, de Besançon, qui s'avisa le premier que cette gloire pouvait bien être usurpée et que notre Alaise pourrait bien avoir été le dernier rempart de l'indépendance gauloise. Il publia un premier mémoire dans ce sens. MM. Dey et Rossignol répliquèrent vivement et maintinrent les droits d'Alise. La querelle s'envenima. C'est alors que M. Toubin s'y jeta pour soutenir l'opinion de M. Delacroix. Il le fit avec toute la vivacité d'un homme devant lequel on nierait l'évidence même. Malheureusement, les rares textes sur lesquels on pouvait s'appuyer n'étaient pas d'une précision suffisante pour s'imposer. Tel passage de César, interprété par M. Rossignol, semblait péremptoire en faveur d'Alise ; le même passage, repris par M. Toubin, semblait une preuve sans réplique en faveur d'Alaise. M. Toubin avait cependant sur ses adversaires un avantage dont il sut habilement profiter ; il connaissait à merveille le pays dont il parlait ; il l'avait exploré dans ses moindres replis et il était en mesure d'en appliquer exactement la topographie au texte de César.

Je l'avoue à ma honte, j'ignore si la victoire lui resta. Je crois me rappeler cependant que M. Henri Martin finit par jeter dans la balance le poids de son érudition plus étendue peut-être que pénétrante et la fit ainsi trébucher en faveur d'Alise.

A la fin de ce premier mémoire, M. Toubin faisait un premier et à mon sens fort heureux usage des *lieux-dits*. Il y devait revenir dans un mémoire qui était comme la conséquence naturelle du premier : *Le Champ sacré des Séquanes*, qu'il plaçait avec toute sorte de vraisemblance, à Molain. M. Édouard Toubin devait poursuivre les recherches commencées par son frère et y revenir à deux reprises, jetant ainsi une lueur parfois singulièrement vive sur l'histoire archéologique du Jura.

Se rend-on un compte suffisant de l'importance de ces lieux-dits? Ce sont, pour parler grammaire, les plus anciens noms, partant, ce sont, de toutes les dénominations dont nous nous servons, celles qui dépeignent le mieux l'aspect et l'histoire d'un pays aux époques reculées, sur lesquelles il ne nous reste bien souvent pas d'autre témoignage. Malheureusement, leur origine se perd le plus souvent dans la nuit des temps, et il est parfois bien difficile d'en fixer le sens avec assez de précision ; il faut, pour y réussir, une pénétration et une connaissance de l'histoire qui n'ont jamais manqué à MM. Toubin.

Je voudrais illustrer ceci par un exemple. Supposons un promeneur qui sort de Salins par le faubourg Champtave et s'engage sur la *route de gauche*. Au bout de dix minutes de marche, il arrive à un pont jeté sur un *ruisseau*, puis à un *hameau* ; il prend encore à gauche par un *chemin* étroit et rocailleux, laisse ce même *ruisseau* sur sa droite ; bientôt il aperçoit, toujours sur sa droite, une *passerelle*, jetée sur le ruisseau ; à droite et à gauche, il voit des *champs*, *des vignes*, *des coteaux* ; il arrive enfin à un autre hameau tout petit ; on lui fait admirer la *cascade* qui jaillit du haut du rocher ; sur la gauche, il remarque une *excavation circulaire* dans la paroi du roc... S'il est étranger au pays, c'est ainsi qu'il notera les détails de sa route, à supposer qu'il les note. Que si, maintenant, c'est un Salinois qui fasse le même chemin, et qu'à sa suite nous reprenions notre description, vous allez la voir s'animer, devenir bien plus frappante rien que par la substitution des lieux-dits, c'est-à-dire des noms propres, aux noms communs. Notre homme s'engage donc sur la *route de Cernans* ; il arrive bientôt à un pont jeté sur la *Furieuse* à l'entrée de *Blégny*, prend le chemin de *Gouailles*, laisse la *Furieuse* sur sa droite, arrive à la *Planche de Blégny* ; puis il a, à droite et à gauche, les coteaux des *Naturades*, des *Grands-Sixtes*, des *Petits-Sixtes* ; il passe devant la *Sacristie* ; enfin il arrive à *Gouailles* ; on lui montre le *Pissou* ; sur sa gauche il aperçoit le *Trou du duc...*

L'avantage des lieux-dits sur les noms communs est ici manifeste : un ruisseau est un cours d'eau quelconque : le mot *Furieuse* dit tout... De même pour la *Sacristie* ; l'abbaye n'existe plus depuis un siècle et demi, mais la vigne qui fournissait le vin des offices est toujours la *Sacristie*. De même si on pouvait faire un commentaire exact sur chacun de ces noms, on arriverait à reconstituer toute l'histoire de ce petit coin de terre à un moment donné.

Le seul inconvénient des lieux-dits, c'est que, leur sens étant beaucoup plus précis, est par cela même moins général. C'est ainsi que la première description est vague, mais intelligible à tout le monde ; la seconde est toute précise, mais un Salinois seul peut s'y reconnaître. J'en aurai dit assez, je pense, pour laisser soupçonner l'importance, mais aussi la difficulté des travaux de ce genre.

Outre ces études d'archéologie locale, on doit à M. Toubin une « Dissertation sur le culte des arbres chez les anciens » (in-8°, Paris Dumoulin, 1862), un « Essai sur les sanctuaires primitifs », 1864, Paris, Durand), et des « Recherches sur la langue Belleau, argot des peigneurs de chanvre du Haut-Jura » (1867).

IV

Ce pourrait bien être à ses recherches sur les lieux-dits que remonte l'idée primitive du *Dictionnaire étymologique et explicatif de la langue française* (Paris, Leroux, 1886). J'imagine que M. Toubin fut dès lors frappé de la persistance des formes verbales à travers les siècles, persistance singulière et qu'on ne peut guère comparer qu'à celle du sol lui-même. On a beau, en effet, varier les cultures, employer les ingrédients chimiques les plus divers, le sol n'en reste pas moins, à fort peu près, tel qu'il était il y a deux mille, trois mille ans. L'aspect a pu changer par endroits, la croûte superficielle a pu être modifiée : mais creusez à deux pieds de profondeur, et la terre vous rendra intacts les débris et les ossements qu'elle garde depuis des siècles. Tout de même pour le langage : les terminaisons des mots ont pu varier ; le sens en a pu être détourné,

parfois comme tordu : la racine persiste et
son identité suffit à démontrer l'origine commune de tous les idiomes européens.

Mais, s'il en est ainsi, d'une part, la formation des langues doit être un phénomène
beaucoup plus complexe qu'on ne le pense
généralement, et de l'autre, l'étude des
idiomes antérieurs et extérieurs au nôtre
doit être d'un puissant secours pour établir
la dérivation des mots dont nous nous servons aujourd'hui. Or, si vous ouvrez la
moindre histoire de notre langue, vous vous
trouvez dès le début en face de deux ou trois
assertions qui ne semblent laisser place à
aucun doute. En voici quelques-unes : aucun
mot français n'est venu directement du grec ;
les traces que le celtique a laissées dans
le français sont insignifiantes ; le français
dérive à peu près entièrement du latin à
l'exclusion des autres langues. Ces premières
règles une fois posées, on voit assez ce qui
en découle : il faut trouver à tous nos mots
une étymologie latine ; — et on la trouve

presque toujours, en effet, mais souvent combien forcée, ou même fantaisiste! Et puis, comme le remarque si justement M. Toubin dans sa préface, c'est peu de me dire que *cadavre* vient de *cadaver*, car qu'est-ce que *cadaver* lui-même?

M. Toubin est donc parti d'un principe opposé à ceux-là : il croit que la dénomination latine a été impuissante à déraciner le celtique, et il cite, à l'appui de sa thèse, des exemples concluants. Je crois qu'il a raison, je crois que cette persistance est en vérité plus grande qu'on ne saurait dire, et à ce point que notre prononciation actuelle même ne peut souvent être expliquée que par là. Ce n'est pas une des moindres difficultés de notre langue. Pourquoi prononçons-nous différemment *fille* et *ville*, bien qu'à l'écriture les deux syllabes soient identiques? Parce que les Latins écrivaient et prononçaient *filia* et *villa*. De même le *ch* sonne *k* dans les mots tirés du grec (archaïque) et *ch* dans les autres (chapeau) ; que d'autres exemples je pourrais citer !

Au lieu donc de se buter à ce caillou où sont venus chopper nos étymologistes, au lieu de s'en tenir au seul latin, M. Toubin rapproche librement les langues parce qu'elles sont sœurs, compare les mots, en scrute le sens, tient le plus grand compte des idiomes populaires, des patois, et arrive à fixer nombre d'étymologies toutes naturelles et rationnelles. La plupart des rapprochements qu'il fait sont très ingénieux, et il corrige en un nombre infini de points les erreurs où sont tombés ses devanciers.

Est-ce à dire que toutes les étymologies qu'il propose soient indiscutables ? Je ne le crois pas ; ni lui non plus, je pense. Mais il lui suffit sans doute d'avoir montré tout le parti qu'on pouvait tirer des investigations de ce genre, d'avoir ouvert une voie nouvelle.

Peut-être a-t-il trop abondé dans son propre sens, trop oublié que la lutte entre le latin et le celtique n'était pas égale, ce dernier étant une langue parlée et écrite, tandis que le celtique était parlé seulement. Peut-être a-t-il mis un peu trop d'amour-propre à vouloir tout rattacher au sanscrit.

Je serais assez porté, pour ma part, à lui faire un certain nombre de chicanes. Ne tient-il pas trop peu de compte de l'étymologie par les noms propres? Cette étymologie convient assez bien à toute une série de désignations, celles de la mode, par exemple. Peut-on rattacher au sanscrit le mot *cadogan*? Quand la mode en est apparue, qui a bien pu s'inquiéter de la nommer autrement que du nom de son inventeur? Nous disions de même vers 1870 se coiffer à la Bressant ou à la Capoul. Et ne disons-nous pas encore plus brièvement un *chassepot*, un *mazagran*, un *panama*, etc.

Mais ce sont des critiques de détail, de tout menu détail qui ne sauraient enlever quoi que ce soit au mérite d'une œuvre fortement voulue, patiemment exécutée, en quoi elle se distingue singulièrement des dictionnaires de toute sorte qui pullulent de nos jours.

On sait assez, en effet, qu'il y a deux manières de faire un dictionnaire : la bonne et la mauvaise. Celle-ci consiste à prendre les dictionnaires existant et à en éliminer le superflu ; ou bien encore à fondre ensemble deux vocabulaires. Il s'imprime en Allemagne, et en France aussi, je l'espère, quantité de lexiques français-russes rédigés par des personnes auxquelles le français est aussi étranger que le russe. Tout leur travail consiste à juxtaposer la colonne de droite d'un dictionnaire français-allemand à la colonne de gauche d'un dictionnaire russe-allemand.

La bonne manière, au contraire, celle de Littré ou de M. Toubin, consiste à peser chaque mot, à le rapprocher des vocables congénères, à rechercher les mutations du sens. Pour y réussir, c'est peu de connaître le français, le latin et le grec ; il y faut ajouter le celtique, l'allemand, l'anglais, le sanscrit, que sais-je encore? Lisez la liste des références données par M. Toubin en tête de son dictionnaire, vous verrez quel travail ce peut être. Travail de longue haleine, travail qui n'a pas dû coûter à son auteur moins de vingt ans de recherches, travail de bénédictin, en un mot, dont on n'a guère d'autre récompense que la satisfaction du bon ouvrage accompli et l'estime des gens qui s'intéressent à ce genre d'études.

J'arrive au dernier ouvrage de M. Ch. Toubin. C'est son « Essai sur la dénomination aryenne » (Mâcon, Protat, 1888). De moindre volume que le Dictionnaire, l'Essai a peut-être une portée plus haute, en ce sens qu'il touche à la question si ardue de l'origine même des langues. Je ne sache pas qu'ici M. Toubin ait eu des modèles, et je doute qu'il ait beaucoup d'imitateurs. Dépouillée de son appareil scientifique, la question se réduit à ceci : tout le

monde parle et tout le monde s'entend ;
c'est que tout le monde applique aux mêmes
objets les mêmes mots. Ces mots ne sont
plus aujourd'hui que des sons que nous pro-
nonçons sans faire attention à leur valeur.
Cependant, ils en ont une : quelle est-elle ?
Bien avant Boileau, on appelait un chat un
chat, mais pourquoi ce nom a-t-il été donné
à cet animal-là et non à un autre ? D'où vient
cette dénomination ? Et M. Toubin montre,
par une série de rapprochements dont on
ne saurait assez admirer la pénétration que,
de même qu'à l'origine de l'alphabet écrit,
on trouve les hiéroglyphes ou représentation
figurée, d'abord très claire, puis de plus
en plus obscure, confuse et détournée des
objets ; tout de même à l'origine du langage
parlé, on trouve aussi, si j'ose dire, un
hiéroglyphe, une représentation parlée des
choses. En d'autres termes, le nom commun
n'a été d'abord qu'une périphrase désignant
la qualité maîtresse de l'animal ou de la
chose.

Quand donc nous disons *chat*, nous disons l'animal *fin, rusé, habile à trouver*, et quand nous disons *Raminagrobis*, nous disons *celui qui se plaît à voler*. En remontant et en simplifiant de cette façon, on arrive à un assez petit nombre de racines. La langue qu'elles composent nous paraît sans doute bien enfantine aujourd'hui. Que d'efforts, cependant, quel long travail séculaire il a fallu pour amasser ce patrimoine de nos ancêtres aryens, devenu commun à toutes les nations européennes. Car c'est un mérite curieux de l'Essai qu'il rend compte des différences parfois si considérables de la nomenclature actuelle. Je me suis donné le plaisir d'appliquer au polonais et au russe les étymologies fournies par M. Toubin, et je reste convaincu que, dans le petit nombre de cas où la filiation m'a échappé, elle existe néanmoins ; mais je n'ai pas su l'apercevoir. J'en aurai assez dit pour que le lecteur puisse imaginer maintenant ce qu'il a fallu de travail pour retrouver, sous les altérations successives des siècles, la racine sanscrite des mots que M. Toubin passe en revue : accidents de la surface terrestre, animaux avec lesquels l'homme s'est trouvé en rapport, noms donnés aux membres de la famille, noms des parties du corps.

V

Il me reste à parler d'un dernier ouvrage, tout classique celui-ci : les « Lectures Algériennes » (in-8°, Paris, Delagrave, 3ᵉ édition). C'est un simple recueil de morceaux choisis à l'usage des classes. Mais, ici encore, il a fallu que M. Toubin se distinguât par l'habile appropriation du livre à son objet. Au lieu de prendre au hasard comme tant d'autres un certain nombre de morceaux sans lien aucun, parlant trop souvent de lieux et d'objets inconnus aux enfants, M. Toubin s'est dit qu'il serait préférable d'entretenir les enfants algériens de l'Algérie même. Oserai-je dire qu'il serait à souhaiter que son exemple fût suivi, et que la même idée fût exécutée en d'autres lieux ? Il me semble qu'un livre de ce genre à l'usage des écoles de la Comté, livre où on réunirait ce que de bons auteurs ont écrit de ses curiosités naturelles, des cultures qui y sont en usage de son histoire, de ses grands homme, des mœurs de ses habitants, aurait une utilité immédiate. Ce ne serait pas un petit avantage que de remplacer, sous les yeux de l'enfant, par de bonnes descriptions des lieux qui l'entourent, des récits qui trop souvent ne font que mettre de la confusion dans ses idées. Telles qu'elles sont, ces lectures algériennes augmentent singulièrement mon estime pour M. Toubin. Elles me rappellent qu'il a fait toute sa carrière dans l'enseignement actif et que le temps qu'il a consacré à ses ouvrages est celui de ses veilles et de ses loisirs ; c'est en travaillant qu'il s'est reposé.

On me permettra de terminer par une anecdote. Il y a un an, ayant besoin de renseignements sur quelques écrivains de notre province, je m'adressai à un Comtois depuis très longtemps fixé à Paris et le priai de m'envoyer tous les détails qu'il pourrait se procurer sur ce sujet. Comme je m'y attendais, il me signala tout dès l'abord les récits jurassiens. Il ajoutait, — et à ceci je ne m'attendais certes pas, — « Il y a un second Toubin qui s'appelle Charles comme l'autre et qui vient de faire paraître un Dictionnaire dont on m'a dit beaucoup de bien. *Je ne sais s'il est parent du premier.* » Erreur pardonnable à coup sûr : il est bien permis de ne pas reconnaître l'auteur de l'Essai paru en 1888 dans l'auteur de la « Fête des Myrthes », publiée en 1887.

De ces deux Charles Toubin, sera-ce celui-ci qui reprendra le plus tôt la parole? Sera-ce l'autre? Pour mon plaisir et pour le vôtre, ami lecteur, pour notre instruction à tous deux, je souhaite vivement que ce soit l'un et l'autre.

Varsovie, janvier 1889.

TABLE DES MATIÈRES

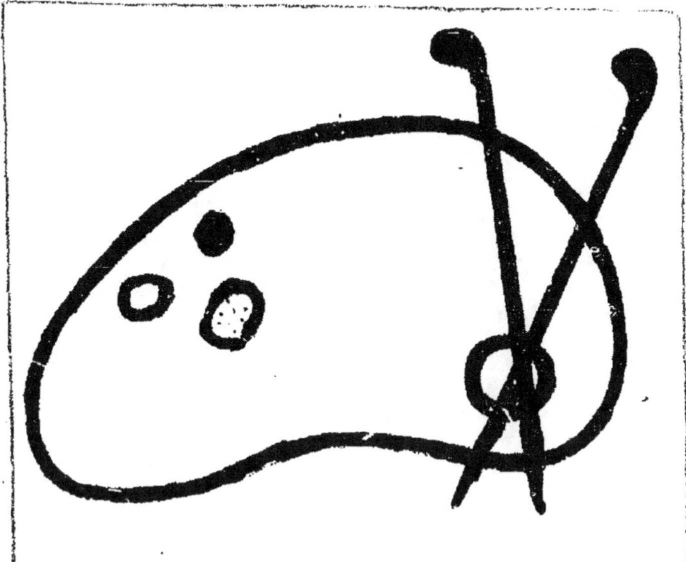

Original en couleur

NF Z 43-120-8